拾　萃

张　翠◎著

吉林人民出版社

图书在版编目（CIP）数据

拾萃 / 张翠著. -- 长春：吉林人民出版社，
2022.8（2024.1重印）
ISBN 978-7-206-19298-2

Ⅰ.①拾… Ⅱ.①张… Ⅲ.①高中—班主任工作—文
集 Ⅳ.①G635.16–53

中国版本图书馆CIP数据核字（2022）第154638号

拾萃
SHI CUI

著　者：张　翠
责任编辑：张文君　　　　　　　封面设计：子　羽
出版发行：吉林人民出版社（长春市人民大街7548号　邮政编码：130022）
印　　刷：北京一鑫印务有限责任公司
开　　本：787mm×1092mm　　　1/16
印　　张：10.5　　　　　　　　字　　数：140千字
标准书号：ISBN 978-7-206-19298-2
版　　次：2022年8月第1版　　　印　　次：2024年1月第2次印刷
定　　价：38.00元

如发现印装质量问题，影响阅读，请与出版社联系调换。

目　　录

第一部分　我的教育思考

第二部分　我的教育故事

第一部分　我的教育思考

在高中班主任管理实践中融入德育教育

摘要：伴随着课堂教学改革的深层次发展，学校和老师逐渐意识到学生专业能力发展的趋势，德育教育也变成教师关心的重点问题。以德育人的教学理念注重了学生德育教育的必要性，怎样在普通高中班主任管理实践活动中融入德育教育变成班主任思考的关键问题。文中就确立德育总体目标、重视学生行为、充分发挥学生工作能力、提升家校合作开展讨论，致力于根据不同的方法将德育教育融入班主任管理实践活动中，推动学生德育素质的发展。

关键词：普通高中；班主任；德育教育；融进对策

在德育教育核心理念逐步推进的当今时期，塑造学生恰当的价值观念、人生价值观及德育观十分关键。普通高中班主任是高中学生在一天中接触最为紧密的人，也是对学生产生很大影响的人。因此，德育管理工作与普通高中班主任中间具有着密不可分的关系。在实际的工作中，班主任必须联系实际的班集体发展状况及其学生个人情况，采取有效的德育管理方式对学生开展自主创新调节，提高学生对德育的了解，促进学生的全方位发展。

一、融进德育教育的实际意义

（一）能够提升学生质量

在传统中国应试教育的影响下，一些普通高中班主任在对学生开展管理的过程中，仅仅关心学生的学习，更重视提升学生的学习成绩和总体班集体录取率，普通高中班主任在这一方面投入了较多的精力，从而缺乏对学生在人文教育及品德修养方面的重视，导致学生和学生家长对学生学习成绩过多地关注，当学生的身心发展出现状况时，不能够获得高度重视。这些问题的出现，将会影响学生的学习及其人生发展。据此，在提高学生品德修养方面要充分发挥班主任的作用，在提升学生的学习成绩外，要提升对学生心理的重视，在开展学生管理工作中要充分融进德育教育核心理念，在一定程度上塑造学生恰当的道德观念。这对教师处理学生心理健康问题提供了帮助，另外还能够正确引导学生提升历史人文素养和品德修养。

（二）提高班主任管理工作效率

处在高中学生时期的学生其学习任务较为繁重，而且这一时期的学生正处在青春期，常常会产生一些逃课、聚众斗殴的情况。因为高中学生个性化核心理念较强，因而一般也不会在意班主任的劝说教导，从而在多方面加大了班主任管理工作的难度。此外，从学生的行为举止来看，不难发现学生在德育教育方面存有着很多问题，这也促使班主任在对学生开展管理的过程中向着德育教育的方向发展，这样既能够减轻班主任管理工作的难度，还能够合理地提升班主任管理工作的效率，还可以推动学生在个人行为和思想方面获得优良的认知能力，另外还可以对自身个人行为对错展开客观性的分析，这对学生将来的发展具有积极作用。

二、普通高中班主任管理中融进德育教育的方法

（一）确立德育总体目标，设计德育方案

班主任在将德育教育渗入班集体管理工作中时，最先要确立德育总体目标。尽管班主任一直高度重视学生的德育教育工作，但却自始至终没有确立德育总体目标，仅仅借助学校的管理制度来管束学生，或是在一些重大节日中以"爱国主义精神"等宣传口号组织主题班会，既没有系统、有效、长久的整体规划，也没有别具特色的德育内容，造成德育教育工作自始至终无法提高效率。

在确立德育总体目标方面，班主任要时刻追随时代的发展，理解中华民族精神。班主任可以将"生命安全教育"作为这一学期的德育总体目标进行德育教育，另外能够运用日常生活的素材加深学生的感受。在设计德育方案时，班主任不但要组织一些主题班会或社会实践活动，还要将德育内容渗入班集体管理的各个方面。例如，在"生命安全教育"方面，班主任可以从珍惜青春、尊重别人、帮助别人、充分发挥生命价值等各个方面渗入德育内容，使学生在长期的陶冶下塑造恰当的生命价值观念。班主任确立德育总体目标，能够使班集体管理工作的进行更具有针对性，有益于提升德育教育效率和品质；设计德育方案，有益于循规蹈矩地进行德育工作，多方位渗入德育内容，推动在实践活动中融进德育教育。

（二）开展学生心理辅导，促进学生身心健康发展

以学生存在比较严重学习压力为例子，这时学生的心理状态方面很有可能会存在一些消极情绪，对于这类状况，班主任在开展德育教育工作时，主要工作便是对学生心理健康开展具体指导。另外，班主任对自身人物角色要有正确的认识，切勿指责学生，而要扮演心理咨询师或是心理指导者的角色，来面对学生。在教育行业中，老师理应

具有引导学生塑造正确三观的作用，引导学生调节自身的心态，培养学生独立思考、自我调节的能力，使学生可以正确认识到德育教育的必要性及其目的，促进学生以良好的心态去面对学习。

（三）融合家中资源，充分发挥家庭教育优势

俗话说得好，父母是孩子的第一任老师。父母的个人行为、观念及其意识会对孩子产生影响。因此，在高中教育工作进行过程中，班主任必须与学生父母开展有效沟通，使之意识到自身对学生教育的重要性，促使学生家长可以积极地投身于德育工作，与学校紧密沟通，为孩子成长提供保障。

例如，班主任可以协同学校，经常开展主题交流活动。在活动中，班主任可以对学生在某一环节所展示出的心态、学习状态及其德育素养发展状况展开详细介绍，还可以与父母相互剖析学生产生一些心理健康问题的原因，相互探讨，提出解决方法，促进班主任有目的地对学生开展德育具体指导；其次，班主任还可以按时组织学生及学生家长之间进行一些群体性的主题活动。例如"心怀感恩"主题班会、"亲子校园一日游"等活动，让父母可以真实地了解学生的日常在校生活，进而可以站在学生的视角来看待学生的苦恼，拉近亲子之间的关系，确保学生身心健康发展。

（四）正确引导学生，提升自律意识

班主任在将德育教育渗入班集体管理实践活动中时，可以设计独立管理体系，使学生在实践过程中养成自律意识，提升学生的思想道德素质。在正确引导学生开展独立管理时，班主任可以依据学生的性格、学习情况等，科学地将学生划分成不同小组，使学生在小组合作学习中提升自身管理。班主任在设计小组独立管理体系以后，可以让学生制订小组管理制度、小组长远目标等详细方案；并将学生制订的内容贴在班级墙上统一展示，对学生产生催促作用。此外，班主任

还可以组织小组竞赛，通过竞赛的方式鼓舞学生的士气，使学生在竞争中不断发展。尽管设计了独立的管理体系，但在学生制订管理制度和总体目标等内容时，班主任还应明确提出一些规定，例如在总体目标中除了包括小组目标也要包括小组成员的目标；在管理制度中，除了对个人行为的管束，还可以有一些对个人的嘉奖标准等。班主任设计学生独立管理体系，能够激起学生的使命感和主人翁精神，有益于提升学生的独立管理能力，推动学生在自身管理中提高学生的学习能力。

（五）借助社会资源，丰富德育方式

首先，在学习之余，班主任可以适度地正确引导学生进行一些课余活动，借此机会释放出学生的精神压力及学习压力，也可以合理提升学生的核心素养。而且，在德育教育核心理念的正确引导下，普通高中班主任可以与一些公益机构及教育基地开展合作，组织学生进行社会实践活动。比如，班主任可以组织学生去学校本地的养老院或是福利院，组织学生为独居老人表演节目，陪他们说说话，帮他们做一些力所能及的事情，借此机会对学生进行德育教育；又如，班主任可以组织学生前去本地的电影院，观看一些与真情、友谊有关的影片，让学生心怀感恩，提升学生的品德修养。整体来说，对比于坐在教室内记诵一些德育方面的知识而言，学生更喜欢以德育为主题的实践活动，在实践活动中开展德育教学，提高学生道德修养水平。

总的来说，在班主任管理实践活动中，充分结合德育教育是课堂教学发展的关键步骤，不但可以使班主任提高管理效率，还可以促进学生塑造正确的价值观念，进而使学生得到更好的发展。特别注意的是，在进行班集体德育教育工作时，要保证以学生为主体的思想。以学生为主体的德育教育，才能有效提高学生的思想道德水平。

拾
萃
SHI CUI

参考文献

［1］苏刚. 高中班主任管理实践中融入德育教育的现实意义解读［J］. 学周刊，2019（04）：167.

［2］赵永峰. 高中班主任管理实践中融入德育教育［J］. 中国农村教育，2018，（18）：13—14.

高中契约式班级管理模式的构建探讨

摘要： 在高中教学中，班级是学生学习成长的平台，是学校开展教育工作的基本单位。因此，班级管理是学校教育中的一个重要话题，关系着学生的发展与教学活动的实施，承担着人才培养的重任。班级管理的状态对学生的身心发展有着直接性的影响。契约式班级管理模式的应用，有助于改变传统班级管理模式的一些问题，如学生参与度低、对管理制度认同感不足等，增强班级管理的效能。本文对高中契约式班级管理模式的构建进行探讨，以供相关教育者参考。

关键词： 高中；契约式；班级管理

契约式管理是在平等自主的基础上，制定师生共同认可和遵守的约定。高中阶段的学生正处于青春期，具有较强的自主意识，如果班主任不了解他们的需求，以管理者的身份单方面地做出要求，难以使学生产生认同感，甚至会激发他们的叛逆心理，导致班级管理措施无法有效落实。因此，班主任应当采取一种更加平等、民主的管理方式，适应学生的身心发展规律。契约式班级管理指的就是班主任从平等的层面出发，与学生制定需要共同遵守的契约，通过这种方式规范教学行为、促进学生身心发展的管理方法。契约式班级管理有助于增强学生的主体性，使管理模式更加符合学生的成长需求，营造出良好的班级环境。

一、构建班集体契约内容

班主任要合理构建班级契约的内容框架，主要包括班级公约、班委公约、班务公约等。其中，班级公约是对班主任与学生共同的权利与义务的规定，涉及考勤、卫生、作业、纪律、文明礼貌以及校园生活的方方面面，内容应当做到全面、严谨、合理，并具有可操作性，可由班主任与班委成员初步制定内容，然后经过全班讨论通过后，再进行签署和执行。

班委公约是班主任与班委成员之间的约定，主要内容是班委成员的权利与义务。高中班级中的班委成员有班长、副班长、学习委员、卫生委员、纪律委员、团支书、文艺委员等。班委公约主要由班主任与班委成员商讨制定，然后经全班学生讨论通过后张贴落实。

班务公约的制定主要是为了合理有序地安排班级事务，如班级卫生区、日常行为管理等，通过班务公约的方式，由专门的学生负责这些班级事务，并明确每项事务的具体负责人，以及相关学生拥有的权利和义务。此外，班集体契约内容还包括仪容仪表公约、文明礼仪公约、宿舍管理公约等。

二、制定契约式管理流程

契约有正式契约与心理契约两种形式，正式契约以书面的形式呈现，以平等的地位签订平等内容的契约。心理契约为隐性契约，强调组织内部成员的相互尊重与理解。班级契约的制定流程应当包括"宣传提议—初步制定方案—全体讨论完善—签订并执行"四个基本环节。首先，班主任或班干部要通过主题班会、黑板报等方式，对契约式管理的理念与内容进行宣传，让学生对自身的权利与义务有初步的认识，同时还要激发学生的责任感与积极性，鼓励他们竞选班干部、主动承担班级事务等，为班级管理出策出力。在初步制定契约方案的时候，班主任要充分了解学生的意见，与班委会、学生代表一同制定，照顾到学生的想法和需求。然后，要组织全体学生对班级契约内容进行讨论，鼓励他们发表意见，根据学生的建议，对班级契约的内容进行完善与改进。通过民主讨论的契约，才能真正获得全体学生的认可，具有公正性，从而有效地执行下去。在班级契约签订并执行后，全体学生与班主任都需要自觉遵守契约内容，当在执行过程中发现问题的时候，可对契约内容进行适当的调整，但要尽可能地在一开始就考虑全面，避免过多调整导致契约的执行力下降。

三、建立契约式评价体系

在契约式班级管理中，评价体系关系着契约的实效性，是班级契约长期有效执行下去的保障。因此，班主任要针对契约式管理建立相应的评价体系。首先，班主任可要求班委成员负责班务的检查评价工作，通过填写班务记录卡的方式，每天对班务的承担者与实施情况进行评价，可以采取"好、中、差"的评价方式，也可以采用打分的方式。其次，要针对班委成员建立评价制度，在契约式班级管理中，班委成员有了更多自主管理的空间，他们的行为对于班级管理效果有着很大的影响，所以有必要通过评价来督促他们完成自己的任务，增强其责任感。班主任可以定期组织学生对班干部的表现情况进行评价，并针对他们的工作提出建议和意见，让班委的工作得到及时的反馈，从而促进他们管理能力的不断提升，更好地落实班级契约的内容，增强整体的班级管理效果。

四、结语

总而言之，契约式管理能够为学生提供更多的参与空间，让他们真正成为班级管理的主人，让班级管理的内容、方法更加符合学生的实际发展需求。高中生的身心逐渐趋于成熟，具有较强的个体意识，这就要求班主任尊重他们的想法，以契约的方式代替刻板的传统管理方式，与学生共同制定班级管理的公约，使学生对班级管理内容形成高度的认同感，从而确保班级管理制度的有效落实，为学生的学习与成长构建出良好的班级环境。

参考文献

［1］江辉. "心理契约"视角下初中班主任班级管理策略建构［J］.卷宗，2018（14）：142.

［2］王晓玲. 高中"契约式"班级管理模式探讨［J］. 新西部（中旬刊），2017（7）：130，124.

浅析提升高中班主任德育教学有效性策略

摘要：高中生处在价值观、人生观和世界观形成的关键时期，他们的情绪较为细腻，具有较强的自我意识，但是不具备较强的自我控制能力。针对这种状况，高中班主任应当从德育教学的角度，开展此部分内容的授课，并在此过程中，让学生感受到生命的有限性、爱的珍贵性以及拥有一颗约束心，从而促进学生行为约束能力的增强和思想境界的提升。

关键词： 高中班主任；德育教学；有效教学；教学策略

在现阶段的班级管理过程中，教师过于注重从理论的角度对此部分内容进行讲授，注重让学生进行理解和感知，并不注重让学生进行落实。而随着时间的流逝，学生的思想和执行力没有得到具体的提升。针对这种状况，高中班主任应注重从实践教学的角度着力，让学生在实践的过程中，去感知、去体悟，体会其中的内涵，并将其融入自己的头脑中，落实到具体的行动上，促进他们思想境界的提升和行为约束能力的增强。

一、开展生命实践，让学生认真地对待自己

"人的生命只有一次"，高中班主任应重视对学生进行生命教育，从而使他们思考人生的意义，让学生在此过程中，学会认真对待

自己、对待自己的时间、对待自己的生命，促进学生思想境界的提升。

例如，在上周，教师运用多媒体开展生命实践课程，并让学生思考生命意义的本质，让学生懂得认真地对待自己、对待他人。在具体教学的过程中，教师要注重从以下几点入手。第一点，播放视频。教师运用多媒体，播放一个人从出生到成长，再到死亡的整个过程。与此同时，教师让学生思考生命的本质是什么？如何让自己的一生更有意义？第二点，开展交流。教师为学生提供一段时间的思考，并让学生进行交流。第三点，展示成果。在大部分学生讨论结束后，教师邀请学生分享他们的探究成果。生一说："生命从出生开始，就在不断地走向死亡。这是我们谁都无法改变的。一切从时间中获得的东西，终将归还给时间；一切从时间中产生的东西，终将会在时间中消亡，而我们唯一能够做的便是寻找到自己喜爱的东西，并全身心投入进去，从中获得心灵的安宁和富足。为此，我们应在有限的时间中，学会认真地对待自己。"

二、进行家庭实践，让学生用心地感恩父母

感恩既是一种美德，也是人的立身之本。家庭是学生的第一所学校，父母是学生的第一任教师。在日常的家庭生活中，大部分的学生为独生子女，他们自小受到父母的宠爱，从而形成了以自我为中心的心理。针对这种状况，高中班主任可以运用家庭实践的方式，开展此部分内容的授课，让学生为父母做一件事情。并在此过程中，重新认识父母、了解父母，让他们在此过程中，感恩父母。

例如，为了提升学生的感恩意识，教师运用家庭实践的方式，进行此部分内容的授课，并在此过程中，让学生为父母做事情，从而

理解父母、感恩父母。在具体执行的过程中，教师注重从以下几点入手。第一点，播放视频。教师运用多媒体，播放父母的工作视频，触动学生内心最为柔软的部分。第二点，布置实践作业。在播放视频后，教师询问学生："在观看视频后，你们有何感触？"生二说："我感受到父母挣钱的不易！"教师适时地说道："我们可以为父母洗一次脚，表达我们对父母的感谢！在再次上课时，我们可以交流经验！"第三点，展示成果。在和学生的交流过程中，给教师印象最深的是其中一个学生的回答。他说："在为妈妈洗脚的过程中，我发现她总是有意识地将自己的右脚向后移。我仔细观察发现她的右脚有一个水泡。我意识到父母挣钱的不易。"

三、组织班级实践，让学生负责地爱护班级

班级生活是每一位学生必须参与的。在班级的生活过程中，教师应注重培养学生的责任感，让学生在此过程中，爱护班级，促进他们行为约束能力的提升，获得良好的班级实践教学效果。

例如，在上周，我校举行了一次突击大检查。我班因为卫生太差，排名倒数第一。针对这种状况，教师并未指责任何一位学生，而是通过开会的方式，让学生商议具体的执行办法。在开会的过程中，教师运用多媒体，展示我班的卫生排名。大部分学生看到后，羞愧地低下头。看到这种情境，教师对学生说："我相信大家都不希望我班的卫生排名一直成为现在的样子，都希望班级的卫生越来越好！大家可以针对此次卫生的表现，提出针对性建议！"教师的话音刚落，学生开始提出个人的建议，有的学生主张在每个小组中成立卫生监督员负责班级卫生的检查情况；有的学生主张……教师将学生的意见一一地列在黑板上，并以举手表决的方式，确定相关的细则。

总而言之，在开展高中德育教学的过程中，教师应构建与学生认知的结合点，并在此基础上，从学生的生活入手，从他们的思想着力，让学生在此过程中，获得正确的世界观、人生观和价值观，让学生更好地安排自己的学习与生活，处理与他人之间的关系，提升整体的德育教学质量。

参考文献

［1］刘建霞．浅谈班主任工作中的德育教育［J］．学周刊．2017（34）

［2］陈博文．浅谈在班主任工作中如何渗透德育教育［J］．汉字文化．2016（09）

高考报考志愿的指导策略

俗话说"七分考三分报"，填报志愿是高考后的又一座大山。去什么大学？学什么专业？毕业后从事什么工作……这些都是填志愿时需要考虑的问题。除了高考分数外，报考还要考虑哪些因素？作为一名从事教学工作的一线教师和班主任，多年的报考经验表明报考大学主要考虑：职业兴趣和人生规划、高考分数、学校、专业和学校所在的地域，要做到"知己知彼"。

一、第一个因素是兴趣和人生规划

兴趣是以人的需要为基础的，是培养个人爱好和特长的基础。没有兴趣就没有动力，没有动力就没有成就。很多高中生还没有真正了解自己的兴趣在哪个方面，老师和家长可以根据与孩子的协商来确定，切不可一味由着孩子的性子来。

有人说，你喜欢中学时所学的哪一门课，你就报哪个方向的专业。比如你对物理最感兴趣，那就可以选择与物理相关的专业，如应用物理、空间物理、无线电物理、等离子体物理、材料物理、光学、力学、建筑、土木工程、机械制造等专业。这种方法不是很科学，对于学哪一学科的兴趣，是学习兴趣，与职业兴趣是有差别的。职业兴趣是在职业生涯发展规划时的兴趣表现。学习兴趣决定了以后的业余爱好，而职业兴趣则决定了你的职业发展。

要想了解自己的职业兴趣，学生必须在充分了解自己的情况下，对自己的情况进行评估。我推荐三个工具：霍兰德职业兴趣测验、多元智能测试和九型人格测试，它们能帮助你做更为精准的职业兴趣的评估。

例如，霍兰德按照不同的职业特点和个性特征，将人分为六类：现实型、社会型、研究型、企业型、艺术型和常规型。比如，研究型的同学具有喜欢分析、做事谨慎、好奇心强、能独立思考、比较聪明、做事条理等特质，将来会是名出色的工程师、教师或科研人员，适合报考研究型的专业（自然科学和社会科学都可以），像数学与应用数学、统计学、物理学、应用物理学、化学、生物科学、地质学、冶金工程、微电子制造工程、心理学、市场调研、社会学等专业。

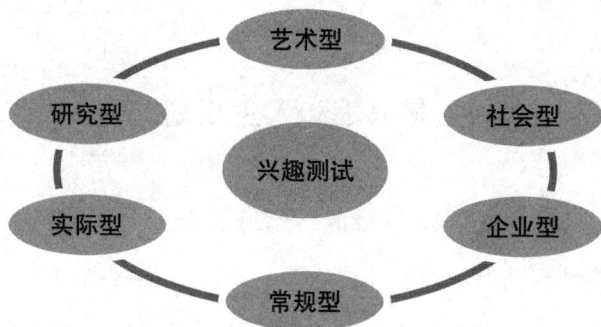

二、第二个因素是分数

一般学生在填报志愿的时候，只考虑分数一个因素，能走上哪个学校就走哪个学校，能被哪个专业录取就选哪个专业，其实也是错的。学校有好有坏，专业有适合不适合。分数作为最重要的因素应该全面分析。

1. 高考分数涉及你被录取的层次，一本以下的分数，不可能被一本录取；二本以下的分数，不可能被二本录取。这还涉及你在本省的排名，这个排名关乎你在本段的位置。

2．今年的控制线，也叫录取线，这个非常重要。

3．各学校历届控制线——大小年（各专业历年录取也存在大小年的现象）。当一个学校专业的上一年录取过低的时候，本年就会有过多的考生填报该学校专业，造成录取分数上升，形成大年情况；到了下一年度就会因为录取分数过高导致较少人报考，造成录取分数下降，形成小年情况。

4．科学分数换算，精准填报志愿。先查今年的一分一段表，看看你的分数在今年考生中排多少名，然后再查去年的一分一段表，看你这个名次在去年对应的是多少分，这样你就知道今年的分数相当于去年的多少分了。这个方法可以排除分数线变动、过线人数变动这些要素的影响，得知这个分数后根据各高校去年在你们省录取的提档线、录取考生的分数，就可以大概知道自己能不能被录取了。

5．批次合并、招生计划等变化，均会影响录取分数。一般招生计划增加会降低最低录取分数，招生计划减少会增加录取分数。招生人数和招生人数的变动值越大，分数波动越大。比如，招生人数由2人变成1人，其录取分数波动值就比由50人变成49人的波动值大。

7．院校改名。将学院改名为大学，或将一个不是很好听的名字改为一个高大上的名字，录取分数会增加。例如，华北联合大学改名为华北理工大学，当年最低录取分数相对于上一年上涨了65分。

8．所谓"专业级差"是院校在安排考生专业时，按招生章程中公布的一个或几个分数值，来确定选报不同专业志愿考生的录取专业，这种分数值就是"专业级差"，也就是院校在录取考生第一专业志愿和非第一专业志愿时的分数差额，各专业志愿间级差分数，如3分、2分、1分等。例如，某高校规定对进档考生的专业安排，实行分数级差的办法，级差分为"3、1、0、0"。也就是说，该校第一、二专业志愿之间分数级差为3分，第二、三专业志愿间级差为1分，其余专业志愿之间级差为0分。根据西安电子科技大学的招生章程规定"对第一志愿报考我校的考生，如排序后未能按其第一专业志愿录取，则投档成绩降2分后按其填报的第二专业志愿排序"。

三、第三个因素是学校

截止到2020年，中国有2595所高校，其中本科1236所，"985工程院校"39所，"211工程院校"112所，137所双一流大学。

在众多的学校里，如何进行选择呢？要考察学校的哪些因素呢？

一要看学校的在全国的排名，排名在某种程度上决定了学校的综合实力。

二要看学校的类别，是财经类、农林类还是理工类。从学校的类别很容易看出学校有实力的专业，如一所语言类院校的英语专业，就比同等层次的财经类院校的英语专业实力要强。

三要看学校的层次，是否有硕士、博士点，有没有院士，有没有国家级或省级重点实验室，以及图书馆藏书量等，便于以后进一步深造。

四要看学校的就业情况、毕业生的薪酬情况以及学校所处的地理位置。

当然，要对这些因素进行综合考量，是相对的而不是绝对的。

四、第四个因素是专业

本科院校一共有12个大类，文、史、哲、法、理、工、农、医、经济、管理、艺术和教育，基本专业352种和特设专业154种。你选择了什么专业，就决定了在大学里你要学什么、你能会什么，也决定了你毕业后的就业方向和你的职业生涯发展。所以，选什么专业是非常重要的。此外，还要考虑这所学校的这个专业是否是学科人才培养基地，是否是国家级或省级重点专业，有没有国家级或省级精品课程。

既要看清专业方向，这涉及你未来的职业生涯；又要看清专业名称的含义，不同专业从字面上看差别很小，其实差距很大。尤其是对一些名称非常相近的专业，我们更要想办法搞清楚它们之间的区别。比如，工商管理、工程管理、公共管理，区别还是非常大的。同时要看专业是不是这所学校的重点专业；要看专业的级别是国家级重点专业，还是省级重点专业，还是一般的专业；要看专业是冷门专业还是热门专业。

五、第五个因素是地域

地域是指你打算选择的学校所处的地理位置，为什么要考虑学校处于哪个城市这个因素呢？因为城市与城市之间在经济发达程度、企业数量、实习和就业、未来发展机会都是不均衡的，也影响着学生未来的就业和毕业后的薪酬。要考察院校所在位置的经济发达程度、交通、气候、饮食文化、就业创业、升学深造等因素。

北京、上海、深圳首选，也可考虑杭州、南京、广州、天津等东部沿海地区。有两个地方比较特别，一个是杭州，一个是深圳，需要特别提出。

其中的主要原因是眼界的问题、见世面的问题。在中国，没有比北京、上海更发达的城市了，你见的世面有多大，也决定了你的理想与定位。其次，也没有比他们有更多好学校的地方了，高校聚集，形成了一种文化生态。

但是北京、上海的高校录取分数都太高，很多人难以有条件选择，多数孩子不得不去其他地方，那么我们要选择各地区的中心城市。如华中地区的武汉、西南地区的成都、西北地区的西安、东北地区的哈尔滨。其次是这些地区的副中心城市，如东北的大连、东南的厦门。原因非常简单，这些城市都是好大学聚集的地方，不仅都有"985""211"学校，一般都有在20世纪50年代就布局的一个大学群，学科门类齐全，学术生态环境非常好。比如西安，在20世纪90年代还是高校最聚集的地区，居全国第二位，仅次于北京，而且多数是部属老牌高校。

重庆是原来副中心城市里最特殊的，现在是直辖市了，有一个非常好的重庆大学，还有一个有资历的西南大学，这是一所"211"大学，也是不错的选择。

推荐杭州和深圳，主要是着眼未来。深圳已经超越香港、广州，成为仅次于北京、上海的大城市了，深圳还有华为等顶尖高科技公司，随着杭州、深圳的进一步发展，我们要想开眼界，就必须考虑这两座城市。

六、第六个因素是就业和薪酬

我们读大学，其实就是为了就业。学校层次影响就业，专业类别决定就业，由大学的供给和社会需求来决定。有些大类专业就业不好，但某些具体专业就业还是不错的，比如医学中的法医、护理、中医等。

不同的专业决定你会哪类专业技能，就决定你会去哪个行业，而不同行业间的差距是很大的，不光影响就业率，也影响薪酬水平。

中国薪酬网公布了一份2018年中国大学毕业生薪酬排行榜Top200，清华大学毕业生平均薪酬最高达9065元。其次是北京外国语大学、上海财经大学、上海交通大学、复旦大学、上海外国语大学、北京大学、外交学院、同济大学、对外经济贸易大学等。从整体上看，学校的建设水平与社会知名度两个因素，与毕业生薪酬水平是正相关的。从专业上看，理学和工学类专业薪酬水平较高；农学、法学和管理学较低，大多数专业平均薪酬不到3000元。理学和工学类专业薪酬水平相对较高，如软件工程、材料物理、汽车类综合、应用化学、生物科学、高分子材料与工程、石油工程等。语言类综合、临床医学、应用生物科学等非理工类专业的入围让人惊喜。从地域角度来看，2017年，北京、上海、广州、深圳、长三角、珠三角以及其他沿海区域经济综合体的工资要高于内陆地区，应届毕业生也具有相同的发展趋势。

通过以上分析，名校的薪酬水平要高于普通院校，重点专业的薪酬水平要高于普通专业，经济发达地区的薪酬水平要高于经济欠发达地区。当然，这与个人的能力和素质也是息息相关的。

七、第七个因素是未来读研究生的意愿

很多同学不急于工作，往往是准备读完研究生再就业。如此，选择好的学校更为重要，可以考研究生时再换专业，很多学校与老师更喜欢复合型人才，即跨专业人才。

为了将来读研究生更加便捷，可以学数学专业。数学是学科之母，未来跨专业时更受欢迎，比如经济学、金融学、管理学等等。80%的诺贝尔经济学奖获得者都是学数学出身的。当然，你想换计算机等工科更没有问题。学数学主要是为未来考虑，不是让你以此为生，不是让你当第一名，不要发怵。也可以学英语。几乎任何技能都能在实际工作中掌握，但惟独语言能力，对于绝大多数人是无法在实

际工作中掌握的。原因非常简单，这是一个死功夫，没有捷径。但语言又是一个放大器，未来无论出国还是考研，英语都是必须过关的，对于很多学习浮躁的人，不如先花四年把英语学好，也是一个很好的选择。

当然，你如果只是能在一般应用型大学，三本或者高职高专，那么专业就比什么都重要了。第一，一定要选择自己喜欢的；第二，选择技能性强的，比如软件工程。这是和那些有更多选择权的学生不同的。

总的来说，城市是平台、专业是技能、学校是品牌。报考时，要先了解自己的兴趣、爱好和人生理想，能让自己的特长得到充分的发挥，选择适合的学校和专业，选择有发展的平台，离你的人生理想才会更近！

其实从某种程度上来说，高考报考其实就是一场"战役"，如何打好这场仗，需要我们做好全盘的规划，需要我们提前做好各方面的信息储备，掌握科学的报考方法，做到万事具备，临战时才能胸有成竹去排兵步阵。

作为家长和考生在进行高考报考的选择和决策时，一定要学习必备的报考信息资讯，拥有科学的决策思路，有序地完成整个报考流程，这样的报考才能成功，也会对孩子未来整个人生的发展奠定基础！

浅谈高三班主任备考策略

每个人的生命中，都有最艰难的那一年，也正是这一年，激发了你前所未有的勇气和潜能，人生从此变得美好而辽阔。高三对于孩子们来说就是这最艰难又是最关键的一年。

在高考备考的这一年时间里，班主任是学生学业的引领者，是学生重要的精神支柱，是班级任课教师团队的核心，那么高三班主任怎样更好地发挥自己的作用呢？

经过对班主任工作的回顾和梳理，与大家分享几点个人体会。

一、把握四个重要节点

（一）第一个节点：高三伊始的起步期

俗话说，凡事预则立，不预则废。学生刚进入高三，尽管学习的时间长了，学习的强度大了，但是思想上还多少有些准备不足，所以这一时期重要的是让学生树立目标，把握方向，做好吃苦准备，尽快投入高三的学习之中。

教师可以介绍当年和最近几年高考的分数线以及各科不同批次要达到的分数，另外还要介绍本校高考的情况，这样既能让学生做到心中有数，又能让学生意识到高考竞争的残酷，只有争分夺秒、全力以赴才能在激烈的竞争中脱颖而出。然后要求学生结合个人实际情况树立高考的奋斗目标，包括理想的大学、要达到的总分以及各门功课要达到的分数。这样一开始就能让学生很快有目标、有计划地进入高三的学习状态之中。

（二）第二个节点：经过三次考试后的爬坡期

学生进入高三一两个月后，刚开始时的热血沸腾、激情满怀、斗志昂扬会随着高强度、高负荷的高三复习渐行渐远。每天面对如山的资料、单调的生活，身体上有些累了，思想上也有些倦了。再加上经过三次大型的考试，学生对成绩患得患失，情绪上特别容易产生波动。考得好的学生容易沾沾自喜，满足现状，缺乏更高的追求；考得不好的学生容易灰心丧气。这时，可以讲讲荷花定律，告诉他们：成功，或许就是别人放弃的时候，你多坚持了一会儿。

（三）第三个节点：距离高考百日的冲刺期

随着高考第一轮复习的结束，距离高考不过百日了，高三到了最后的冲刺阶段。这一时期更需要激励士气、激发潜能。可以通过家长寄语的方式让孩子们感受到力量和温暖。班主任这时不仅要帮助学生把高中的知识连成网络，还要通过各种渠道搜集高考信息，传授一些解题技巧、在考试中要注意的细节、可能发生的意外及解决办法，做到科学备考。

（四）第四个节点：离高考10天至半月的考前调整期

考前的调整期包括调整复习策略、情绪状态和作息时间，它关系到学生在高考考场上能量水平的释放，所以班主任要和家长取得联系，调整孩子考前的学习和生活。这一时期主题是"勤翻书、巧做题、喜迎高考"。要求学生把生物钟调整到和考试时间一致，让学生精力最旺盛的时段与高考考试时间一致。不要开夜车，也不要提前睡。要求家长保持家庭生活的平常状态，轻松和谐，避免产生紧张情绪。另外，提醒学生充满自信和保持平常心，克服紧张和焦虑的不良情绪，把高考当作人生旅途中的一个重大节日，怀着轻松自信的状态喜迎高考。

二、明确育尖责任重点

我带的是文科普通班，不能为实现年级的宏伟目标雪中送炭，但也可以努力做到锦上添花。

我把学生的高一、高二每个学期期中和期末共八次考试的成绩进行追踪对照分析，先选定部分学生为二加五高校、"985"院校、一本培养对象，化解这个难题，靠班主任一人的力量是不够的，只有班主任和科任老师团结一致、齐心协力，才能把整个班级搞好。而且也只有学生各科平衡发展、提高高考总分，才能决胜高考。所以，班主任不仅要让学生明白"6-1=0"的道理，更重要的是要协调各科老师把握好这一等式，各个学科齐头并进。允许学生有强势学科，但绝不能有"瘸腿"科目。指导学生合理安排、利用、分配时间，促进总成绩的提高。

三、解决心理疏导难点

高三学生学习任务重，升学压力大，家长期望高，目标与现实存在较大的差距，学生容易出现失眠、烦躁、焦虑等不适和心理障碍，这些非智力因素影响学生的正常学习和考试。面对难题，苦思冥想，不得其解，心慌烦躁；面对易题，得意忘形，粗心大意，容易出错。看到别人成绩提高了，自己紧张不安；自己退步了，情绪低落。为了帮助学生克服心理障碍，高三的班主任更要多进班、多接触学生、多找学生谈心，以便更好地了解班级和学生情况。哪些是能冲击高分的，哪些是能上一类的，哪些是能上二类的，哪些是能上三类的；哪些是学习态度存在问题的，哪些是学习方法不得当的，哪些是心态不好的。然后根据学生的情况逐一谈心，指出他们的长处和不足以及目前要解决的问题，给他们鼓励与支持。

和高三冲刺阶段的学生交流，一定要引导他们说出自己的心里话，倾听他们的心声，了解他们的困惑，从生理、心理上去引导他们，从备考的技巧和方法上去指导他们，从饮食、睡眠等生活方面关心他们，用教师自身的高考经历鼓励他们。只有师生敞开心扉、相互信任才能解决学生的心理问题，使学生保持良好的心态，全身心投入紧张的高考备考中。

在做好个体的思想工作之后，班主任可以利用座谈会和经验交流会，给学生一些具体的学习指导。在座谈会上可以邀请科任老师、班干部和学生代表就班级存在的一些问题、学生学习上的困惑进行探讨；可以邀请班上成绩好和进步大的学生介绍他们的学习方法和学习心得；学生也可以向老师提一些合理化的建议，以便更好地组织教学。通过经验交流会同学之间可以相互取长补短，共同提高。

高三的班主任是辛苦的，但我们做好了迎难而上的准备，全身心地投入到高考备考的工作之中，用爱心和耐心、热情和执着科学有效地管理班级，努力创造属于我们年级的高考成绩的新记录。

班主任教育案例

——学困生的转化

由于现代社会发展的多种因素的影响，学困生有增多的趋势。我们作为教育者，面临着严峻的挑战。班主任是学校教育工作的领导者、组织者、实施者，是教学工作的协调者，班级管理要求班主任热衷于本职工作，尽职尽责，持之以恒，讲究方法，对学生的关爱贯穿于班级管理的每时每刻。作为班主任，每天面对的是几十双渴求知识的眼睛，每天接触的是几十颗等待滋润的心灵。如何让这一双双眼睛充满智慧之光？怎样使这一颗颗心灵健康成长？这不仅需要班主任具有强烈的事业心和责任感，更需要班主任具备一定的组织管理能力。

我在2006年8月接了高二（25）班，这个班的学生学习自觉性比较差，有近三分之一的学生是学困生。他们日常行为规范差，甚至家长也不对他们抱有希望，听之任之。有几个学生家庭离异，十分缺乏家庭的温暖，叛逆性很强。还有不少的学生的父母下岗，父母为了生活，打工赚钱，几乎没有时间和精力关心孩子的学习。

通过我两年多的实践和摸索，我有些许心得体会。

一、真情投入，营造温馨和谐的"家庭"

班集体，是学生健康成长的一方沃土。我从来都把我教的班级，看作是一个大家庭。无论老师还是学生，都是这个家庭中的一员，要想家庭兴旺，必须大家努力。为了优化班级管理，营造一个温馨、和谐的家庭，我费尽了心思。首先，创设优化的管理环境，把学生从受教育者转化成一个自我教育者，突出了学生的中心地位，让学生做班级的主人。大家创建一个文明守纪、团结互助、勤学上进、有强大凝聚力的班集体。学生对班主任有着一种特殊的信任和依赖情感。班主任的自身素质、道德修养、一言一行、一举一动，无形之中会成为全班几十个孩子的榜样。因此，在班级工作中我时刻注意自身形象，事事从我做起，以良好的形象率先垂范，潜移默化地影响着我的学生。平时，凡要求学生做到的，我首先做到。我班的卫生就是个大问题，学生还小，都是独生子女，不会干活。往往在大扫除时，不知道干什么、怎么干。在这种情况下，我就把任务分配到个人，明确和他们说谁干什么。然后我在旁边观看，再亲自手把手地教他们该怎么做，教学生怎样扫，最后放手给他们做，做得好就给以表扬。慢慢地，学生的大扫除能力提高了。这就是榜样的力量，这就是无声的教育。我虽然只是付出了一点劳动，但对学生心灵的影响是多么巨大。对培养班干部也是如此，做什么先亲自教，把我的方法思路和他们交流，也会听听他们的想法，如有可取之处给予充分的肯定，现在我们班的小干部已经能够独立挑起班级的日常管理的任务了。

二、采用鼓励机制，增强学生的自信心

学生在入学时，我就鼓励学生，我们现在都是站在同一起跑线上，只要有信心，就没有做不到的事。要求不同层次的学生制订出不同的、具体合理的目标，使学生有目的、有意识的学习，激发学生内在的动力。比如，我们班的学生，我要求他们在学期初，针对自己的实际情况去制订学期计划。自己同自己比，只要在原有基础上提高了，就是进步。让每个学生制订"学习目标""学习计划""实施方

法"，并由家长监督，帮助孩子共同完成学习目标，使学生"跳一跳，够得着"。对达标的学生，及时表扬和鼓励，使他们产生自信心，从而增强上进心。把更多的爱心、关心、赞赏、宽容、接纳洒向每一个学生，呵护、唤醒每一个学生稚嫩的心灵。班里有个同学是最令我头痛的学生，不完成作业，各科成绩都在60分以下。该生对学习一点兴趣都没有。老师不在身边，他能交空白卷，平时就更不必说了。无论是苦口婆心的教育或是声色俱厉的批评均无济于事，一副软硬不吃的样子，我又不忍放弃。于是，我在提高他的学习兴趣上下功夫，他比较爱劳动，我就利用大扫除给他展示的机会，鼓励他、表扬他劳动认真积极。千方百计地创设机会让他获得成功，细心注意他哪怕是微小的进步，及时给予恰到好处的表扬。终于他获得了成功的喜悦与自信。我高兴地看到他逐渐有好转的迹象了：学习兴趣浓了，上课能专心听讲了；纪律有进步了；作业能完成了，作业书写也有许多的进步了……总之，爱心+细心+耐心，这"孺子"居然可教了。

三、平等对待优生和学困生

我们班王同学，学习有困难，该生进校的时候成绩不算很好，刚进校的时候表现有点不太好，所以我就将她的座位调到成绩比较好点的同学身边。不久我发现她变了，科任老师也说她变了，不仅能够自觉不讲话，而且每天主动去老师办公室问问题，边问还边记录。每天晚上别人放学回家了，她总是最后一个离开，把白天老师的讲课内容全部抄下来，回家慢慢复习。到了高三的时候，期中考试居然达到了全班第二十名，脱离了学困生队伍，大家都对她刮目相看，我在心里也特别的开心。我就及时给家长发了喜报，家长也很开心，她也增强了自信心。

四、善于捕捉学生的闪光点

班上有位男同学缺点较多，比如懒惰、随意打骂同学、惹是生非。在一次学校运动会上，跑步他立了大功，取得了年级第六名。我立刻在班上把他好好表扬了一番，同学们对他也改变了看法。从此，他找到了自信，不再调皮捣蛋了。的确是啊，每个孩子都有他闪光的地方，就看你发现没有。对待学困生做到以下几点。（1）拿起表扬的武器，大张旗鼓地表扬学困生哪怕是极小的进步，且随时发现随时表扬；（2）给学困生更多的爱；（3）注意教育过程中的每一个细节（每一句话、每一个教育契机、每一点希望的火花）；（4）让学困生上台唱主角，给他们创造成功的机会；（5）允许学困生的错误反复，给他们反思的机会和时间；（6）对他们要报以满腔的热情，要与其他同学平等对待。

经过一个学期的转化，学生的自觉性有一定的提高了，作业能按时并且有质量地完成，上课能坚持听讲，学习进步明显。学生自己也觉得，上课再也不无聊了，通过自己的努力，会有更大的进步。平时要留意学困生和家庭有特殊情况的学生，应给予他们更多帮助和关心。转变一位学困生比搞好一个优生价值更大，对他们教育道德要尊重他们，蹲下身子和他们说话，多鼓励，少批评，多方面去引导他，把相互的心理沟通放在第一位，育人首先从育心开始。不高姿态站在学生面前，而是做学生的"知心姐姐"。时刻注意学生的细微变化，放大学生的优点，增强他们的信心。

我们要相信学困生是可以转化过来的。我们设身处地地想一想，任何一个学生谁不想受到别人的夸奖和称赞？学困生非常需要别人的认可和尊重。而这种认可和尊重有时是很容易的，只要一个欣赏的眼神、一句"听懂了吗"之类的问候。在学生的心目中，不歧视学生是老师最优秀的品质。我们不要认为你偏向好学生好学生就尊敬你，有时恰恰相反，结果是好学生也不买你的账，所以我们千万不要歧视任何学生。

教育有规律，但没有一条规律适合于所有的学生。在教育飞速发展的今天，我深知自己的责任是塑造学生的个性，是把我的学生塑造成活生生的人——有自己独到的见解、独特的个性，有骨气、健全的人。因此，我将更加努力学习借鉴名师育人经验，结合自己的实际，思考、探索适合自己的管理路子，在实践的过程中再不断地反思、不断地总结，使教育工作更加有利于学生的成长。

用心用爱构建和谐班级

在2011年高考中，我们班两名学生考入北大，其中肖政兴同学以高一年级1388名的入班成绩达到高考633分考入北大，书写了一个传奇，8名同学达到文科600分以上的优异成绩，我们班位列年级普通班中第一名。我想这些成绩的获得与我用心用爱构建和谐班级是分不开的。

我是一名普通的教师，在十几年的工作中，我深刻领悟到：教师的威信要用广博的知识、扎实的专业功底去征服学生；要用崇高的事业心和高度的责任感去感染学生；要用真诚的爱心和无私的奉献去打动学生；要用以身作则、表里如一的人格魅力去影响学生。所以在工作中我用我所有的爱去管理我的班级。

一、树立威信，征服学生

我经常给学生们讲我在高中以及大学里努力学习的经历，也会给他们看我在大学里获得的奖章，其时我就是想告诉学生们，他们的老师是具备一定能力和素质的，他们要想取得好的成绩应该听从我的建议和要求。我还想尽办法提高学生的英语成绩。我利用自习课或者午休时帮助英语基础薄弱的学生复习英语单词，建议大家做课堂笔记，帮助同学记数学公式。除此之外，我还亲自定期检查他们的地理笔记，以及帮助学生背语文课文。在班会上我会为大家唱他们喜欢的歌。这样，我就在学生面前更加有威信了，学生们更加尊敬和爱戴我了。所以，班主任的文化素养是影响教育效果的一个重要因素。正如马卡连柯所说："如果教师在工作上、知识上和成就上有辉煌卓越表现时，那就自然看到所有学生都会倾向你这面了。"

二、结合学科特点加强负责教育，创造良好的班风

刚接班时，我了解到了文科普通班的学生有一些没有理想和追求，学习没有目的，经常是几个同学拉帮结派的。俗话说："不以规矩，不能成方圆。"我刚接班时正好赶上我们政治课讲的是责任和角色以及要在承担责任中成长的内容。我用了两周的课时不仅把课程讲完了，更重要的是提高了学生的思想认识。通过学习，大家都认识到了角色和责任是同在的，每个人都应该对自己负责，对他人负责，对社会负责，认识到了只有在承担责任中成长才有助于我们获得幸福的生活和有意义的人生，有助于我们实现远大的理想。通过对同学们进行责任教育，增强每个人的主人翁意识，他们人人参加班级管理。我经常和大家说，班级管理好了，会给我们创造一个良好的学习环境，受益的是我们每一个人。这样大家参与班级管理有了很高的积极性。我们班有六个班级干部，每天轮流参与班级管理，其中每天都有一个是总值，而其他的五名干部协助总值的工作，总值把班级每天存在的问题写在班级记事本上，我每周在班会上要总结一次。通过责任教育，使班风有了明显的转变，这个集体不再是一盘散沙了，有着强大的凝聚力，每个同学都积极向上，尊敬师长，团结合作，奋发向上，也开始认识到学习的重要性，班级纪律非常好，学习成绩有了质的飞跃。

三、捧出爱心，发挥爱的力量

　　爱的力量是伟大的：阳光之爱可以融化冰雪，春风之爱可以萌发草木，雨露之爱可以滋润禾苗，而师爱是伟大中最伟大者。它能够缩短教师和学生之间在空间和心里上的距离。

　　我所带的三十班，最大的特点是女孩有个性的多，非常逆反，成群疯闹，第一天见面就有三四个化着浓妆的，我没有发火，而是笑着对其中一个女孩说，你这个样子老师很不喜欢，来，老师带你去卫生间洗一洗吧。就这样她不情愿地跟我去了，当她按我的要求做好后，我当着同学们的面说，这样多美。后来我通过一次班会为女同学们分析这个时间段美应该是什么样子的。从此，班级就没有人再化妆了。通过这件事我发现了在教育学生过程中不能硬碰硬，得掌握技巧，只要我们教师应变能力强，引导得法，处理得当，在教育过程中突然出现的情况能做出判断和处理，这样可以化险为夷，有时甚至可以锦上添花。

四、关爱学困生，是爱学生的真谛

　　每一个班主任所带的每一届学生中都会有品学兼优的学生，也会有成绩差、不求上进的学困生。尽管程度不一，但任何时候班主任都应以公正乐观的态度善待每一个学生。对优秀生善爱不偏爱，给他们提出更高要求；对中等生关心不冷落，善于发掘他们身上的亮点，增进与他们的情感交流，培养他们争强好胜的精神；对学困生关爱不存偏见，坚守"转化一个学困生，等于培养一个高材生"的观念，信奉"没有不好的学生，只有不好的老师"的教育观，始终做到口中、眼中、心中无差别对待学生，认为对他们倾注再多的心血也值得。关爱学困生才是真正爱学生的真谛。

任何学困生身上都有闪光点，班主任一定要及时抓住，选择场合进行激励，使其成为转化学困生的契机。我能够找到每个人的优点，以至于他们的家长都无比激动。另外，我得用午休时间把学困生组织起来学习。每天我都留下适量的背诵练习，每一个都要过关，让他们在学习中体会到乐趣。

五、做表率，是爱学生的内在要求

"其身正，不令则行；其身不正，虽令不行。"班主任的品德修养与学生品德养成有着千丝万缕的联系，如果教师能让学生经常从自己身上得到启发、感到温暖、钦佩，感受到积极向上的氛围，就会产生"润物细无声"的影响。所以，只有班主任具备"润物细无声"的品格力量，班主任的教育才会成为学生健康成长、永远向上的动力。素质教育、道德教育不仅仅是上课教师讲，学生学就会有成效，重要的是要求学生学什么，要看教师做什么；要求学生怎样学，要看教师怎样做。

"千教万教教人学真，千学万学学做真人。"我时时注意提高自身的人格素养，用自己良好的思想品质影响学生，做遵守社会公德的模范，给学生做表率，以良好的工作情绪和工作态度去培养学生良好的个性。要求学生做到的，自己首先做到。要求学生热爱劳动，自己则在每一次的集体劳动中和学生一样出力流汗；要求学生遵时守纪，自己虽然有孩子小等困难，但每天总是提前到校，最迟离校，风雨无阻；要求学生勤奋学习、刻苦钻研，自己则在教学上全身心投入，进入课堂则达到"忘我"境界，课堂上学生随着我的讲述或喜或怒，或扼腕嗟叹，或乐极忘形，达到"举座动容"的效果；要求学生要有顽强的毅力、百折不挠的好学品质，自己就要有爱岗敬业的精神、奋发向上的工作热情。要求学生乐于助人、无私奉献，自己就要用全部精力研究学生、钻研教材，以胜任教育教学工作。学生们会把这一切看在眼里，记在心里，这样才会赢得学生的尊重和信任，使得师生关系融洽，同学亲如兄弟姐妹，处处充盈着团结、友爱，活动人心齐，学习有力量，行动有榜样。

著名剧作家席勒说过："没有爱之光辉的人生，是没有任何价值的。"不只是班主任，对于决心献身教育事业的每一位教师来说，只有具备责任感和对学生的爱心，才会真正体会到班主任工作的内涵：使不聪明变聪明，使聪明更聪明；使优生更优，使学困转优；没有一个学生误入歧途，没有一个学生掉队。这是班主任的价值，也是爱的价值！在当班主任的日子里我不仅传播着知识，也加倍地感受幸福。当然在工作当中，我还存在着很多的问题、很多不足。对此，我想一句古诗最能概括我的心情："路漫漫其修远兮，吾将上下而求索。"

陪　　伴

——2017级高二年级开学典礼教师代表发言

尊敬的各位领导、老师、亲爱的同学们：

大家上午好！

新年的钟声依然在耳边回荡，新学期的征程已经吹响号角。在勃勃生机的春天里，我们走进了充满期待、充满希望的高二下半年的学习生活。

同学们，作为与你们朝夕相伴的班主任老师，我和其他的27名班主任一同见证了你们高一的青涩、高二的懵懂，也即将要看到你们高三的成熟。你们的些许进步都会让老师们开心不已，你们的调皮、倔强、不知努力也让老师伤透了脑筋。同学们，不要因为老师的严厉批评而有所怨恨，老师们的赞扬和批评里同样装满了对你们的爱与关怀！在新的学期里，我们高二的所有老师会更加关注每一个细节，关心每一个学生，为了你们人生的高飞，我们愿意献出全部的力量！

同学们，高二下半年是承上启下的关键阶段，这学期，各个学科都要结束新的课程，期中考试后一些学科就要开始高三第一轮复习。也就是说，这个学期后半段我们本质上已经步入到高三年级。面对高三，你准备好了吗？希望大家认真思考这个问题，过去一直努力学习的同学，希望你们再接再厉；过去在学习上还不太用心的同学，希望你们加油努力，重新审视自己。你要知道：亡羊而补牢，未为迟也。希望全体同学树立危机意识，认清当前的严峻形势，明确自己现阶段的任务，把握每一天、每一分、每一秒。如果你虚度高二下学期，你会把这种消极怠工的意识带到高三，你就会与你最初的目标渐行渐远。如果你拥有一个充实的高二下学期，你会越战越勇，并把这种良好势头带到高三，那时你将会当凌绝顶，一览众山小。

新学习征程的开始，希望同学们带上三件会让你成功的法宝前行。

第一件法宝是制订规划，严格自律。大到长时间的人生规划，小到短时间的学习计划。想取得成功，就不能像无头苍蝇一样乱撞。有了规划你才会懂得用最短的时间、最低的成本去达成目标。每天的作业很多，要列出作业清单，一件件完成；先做什么，后做什么，每一项大约用多少时间都要了然于胸，所有的没空做都是借口，说白了都是个人时间规划的问题。

有了规划还要懂得自律。自律是修身立志成大事者必须具备的能力和条件。如若你想征服全世界，你就得先征服自己。管好自己是件不容易的事情，但是管不好自己的人是取得不了令世人瞩目的成就的，管好自己首先要懂得自律，专心学习。要禁得起手机、互联网等的诱惑，更要耐得住学习的寂寞。要坐下来，静下心，学进去。其次要戒骄戒躁，放平心态，放低姿态。成绩不理想的同学不要心灰意冷、哀天怨地，人一旦陷入抱怨之中，人生就会暗无天日。失败不要气馁，成功不要骄傲，踏踏实实的精神是最可取的学习状态。

第二件法宝是坚定信念，坚持不懈。随着高中学习的不断深入，有些同学或许感到吃力，超越自己实现年级名次的飞跃越来越艰难，但是你千万不要退缩，只要你心怀坚定的信念，你将无畏任何的困难、任何的挫折。有了坚定的信念你会在一次次考试成绩不理想时，擦干脸上的泪水，总结经验教训，重整旗鼓，继续努力前行。《功夫熊猫》里有句精彩的台词：你的人生故事开头也许会充满坎坷，不过这并不影响你成为什么样的人。关键看你后来的人生路，你自己选择怎么走下去。

第三件法宝就是与人交流，合作分享。善于竞争，善于合作，富于创造是21世纪对人才的基本要求。与身边的同学交流学习的方法、某种题目的解题窍门，与老师和家长倾诉你内心的苦闷和迷惑。在学校里，我们每位老师都可以成为你倾诉的对象，帮助你排解学习中的苦闷，做你的心理咨询师，所以当你遇到困难时，请毫不犹豫地找你身边的老师寻求帮助。

分享不是一种失去，而是一种互利。合作，可以共同解决疑问，共享学习成果。我们高二年级推行的小组互助学习就是合作分享的成功模式。只有善于合作，心里装着集体和他人，你才能幸福地学习和生活。

同学们，陪伴是最长情的告白。我们会一直陪伴你们，直到你们走出高考战场的那一刻。我们会陪你早读，与启明星一起，我们会陪你晚自习，直到月亮高高升起；我们会陪你经历酷暑，度过寒冬，我们会一直陪着你们，直到你们凯旋那一刻。同学们，加油吧！用你们的实际行动证明自己的实力、去迎接属于挑战者的胜利吧！最后祝所有的教师身体健康，祝同学们学习进步！

2020届优秀毕业生表彰大会的教师代表发言

尊敬的各位领导、老师，还有我亲爱的同学们：

大家好！今天我非常荣幸地站在这里，代表2020届高三的全体老师和所有曾经给你们传道授业解惑的老师对在座的2020届优秀毕业生表示衷心的祝贺。

美好的日子总是过得飞快，昨天还是刚入学的青葱少年，今日已是即将踏入大学校门的热血青年。作为教师，与大家共度的一千个日子已成为生命中最美的风景。忘不了校园里你们做校操时的可爱动作，忘不了数学大练习时被难题憋红的脸蛋，忘不了毕业典礼时簇拥着校长合影时的欢愉，更忘不了的是携手走过的每一个早读与晚课……

三年前的八月，你们来到师大附中，在这里，先进的办学理念、优良的学习环境、过硬的师资力量、科学的精细化管理，使你们成长为一个自觉、自律、自信、自由的合格高中生；在这里，你们奋笔疾书、凝神思考，不断拼搏努力追寻自己的理想；在这里，你们以优异的高考成绩和竞赛成绩为母校七十华诞献礼。母校的史册上又因你们的精彩而增添更美的华章！

同学们，没有比人更高的山，没有比脚更长的路。师大附中，只是你们人生的一个驿站，今后还有更为广阔的天地任你们驰骋，还有更美好的前程任你去展望。成功一定会属于今天精彩、明天更辉煌的你们！

在你们新的人生征程上，有着全体老师对你们的殷切期望和祝福。

希望你们秉承母校校风、校训，志存高远，学求博深。以勇于实践的精神开启人生的航程。

把自己的理想当成一项事业，具体到一件一件的事情来做，在实现中国梦的实践中去担当更崇高的责任，成为更伟大的自己。

希望你们坚持学习，不断进取，以生命不息学习不止的精神诠释生命的意义。

"因生而学，因学而生。"学习应该成为我们生命中永恒的主题。愿你们不断地、踏实地学习新的知识，充实自己，把勤奋、认真、拼搏修炼成一种人生常态。

希望你们海纳百川，善于合作，以宽容的心态收获更多的朋友和尊敬。

善于竞争、善于合作、富于创造是21世纪对人才规格的基本要求。宽容是处事的智慧，是为人的胸怀。大家要学会合作，学会宽容，在各方面都不断地完善自我，幸福地学习和生活。

希望你们心存感恩，胸怀天下，以深厚的家国情怀走向世界、面向未来。

爱国，是人世间最深层、最持久的情感，是一个人立德之源、立功之本。同学们在关注学业的同时要多些"为天地立心、为生民立命、为往圣继绝学、为万世开太平"的情怀，自觉担负起时代的责任，为中华民族伟大复兴贡献力量。

同学们，今天你们带着母校的期待、老师的叮咛、同学们的祝福、自己的梦想踏上新的征程，未来期盼有更多的喜讯传回母校。衷心祝福同学们一帆风顺、笑靥如花，祝福家长和老师们万事如意、身体健康，祝福我们的师大附中继往开来、辉煌永远！

2014级高一年级开学典礼发言稿

尊敬的各位领导、老师、亲爱的同学们：

大家早上好！

新年的钟声依然在耳边回荡，新学期的征程已经吹响号角。在勃勃生机的春天里，我们走进了充满期待、充满希望的高一下半年的学习生活。

同学们，经过半年的适应期，你们不再是稚气未脱的孩子，你们已经慢慢地成熟与长大。你们的些许进步都会让老师开心不已，你们的调皮、倔强、不知努力也让老师伤透了脑筋。同学们，不要因为老师的严厉批评而有所怨恨，老师们的赞扬和批评里同样装满了对你们的爱与关怀！在新的学期里，我们所有老师会更加关注每一个细节、关心每一个学生，为了你们人生的高飞，我们愿意献出全部的力量！

同学们，我们刚刚完成了文理分班，高一上学期就好像是盖房子前的征地审批过程，然后打地基；而下学期和高二就是主体框架的建设期；高三就是粉刷装饰期。主体砌不好，质量不牢靠，房子就要倒。那么，如何有效度过这一承上启下的蓄势关键期呢？

首先，我要告诉那些已经适应了高中学习生活并在学习上不断取得进步的同学，你们应该认真总结半年来的学习经验，继续努力，学得更加主动、积极。你们唯一需要的只是时间。我相信，天道酬勤，坚持下去，成功指日可待。其次，我要告诉那些成绩虽然不令人满意，但还契而不舍地努力的同学，你们学习很认真刻苦，可能方法还不到位，还没有进入学习的"自由王国"，你们应该多琢磨方法，多听听科任老师的建议，多吸取别人优秀的做法和学法，不断调整，我们相信"苦心人，天不负，百二秦关终属楚"。再次，要告诉那些极少数的曾经对学习、生活缺乏规划，学习目的不够明确、学习劲头不足，浑浑噩噩混过了半年的同学，高中时间已经过去了六分之一，你必须从现在开始觉醒，抓住剩下的时间奋力冲刺。对你们来说，学习没有搞好，"非不能也，是不为也"，只要我们现在能及时端正学习态度，审时度势，怀揣"再也不能那样过，再也不能那样活"的决心，拥有"我的未来不是梦"的气魄，赶紧从半梦半醒中走出来，一切都还来得及，否则到了高三，就会出现"要为也，却不能也"的尴尬局面。最后，我要告诉所有学习文科的同学，无论你选择文科的理由是什么，我始终坚信学文、学理不重要，考上名牌大学才是硬道理！过去的半年对你们来说或许有成功也有失败，但现在你已经找到了人生的奋斗方向，只要你们肯努力，敢吃苦，有恒心，不放弃，就一定能够越来越接近理想的天空。

新的征程已经开始，希望同学们带上三件法宝前行。

第一是制订规划，严格自律。大到长时间的人生规划，小到短时间的学习计划。想取得成功，就不能像无头苍蝇一样乱撞。有了规划你才会懂得用最短的时间、最低的成本去达成目标。有了规划还要懂得自律。自律是修身、立志、成大事者必须具备的能力和条件。如若你想征服全世界，你就得征服自己。管好自己就要自律，专心学习。要禁得起手机、互联网等的诱惑，更要耐得住学习的寂寞。要坐下来，静下心，学进去。

第二是坚定信念，坚持不懈。随着高中学习的不断深入，有些同学或许感到吃力，超越自己实现年级名次的飞跃越来越艰难，但是你千万不要退缩，在一次次考试成绩不理想时，擦干脸上的泪水，总结经验教训，不忘初心，继续前行。《功夫熊猫》里有句精彩的台词：

你的人生故事开头也许会充满坎坷，不过这并不影响你成为什么样的人。关键看你后来的人生路，你自己选择怎么走下去。

第三就是与人交流，合作分享。善于竞争、善于合作、富于创造是21世纪对人才规格的基本要求。与身边的同学交流学习的方法、某种题目的解题窍门，与老师、家长倾诉你内心的苦闷和迷惑。分享不是一种失去，而是一种互利。合作可以共同解决疑问，共享学习成果。只有善于合作，心里装着集体和他人，你才能幸福地学习和生活。

同学们，陪伴是最长情的告白。我们会陪你早读，与启明星一起；我们会陪你自习，直到月亮高高升起；我们会陪你经历酷暑，度过寒冬；我们一直陪着你，直到你走出高考战场凯旋的那一刻。

同学们，加油吧！用你们的实际行动证明自己的实力，去迎接属于挑战者的胜利吧！

2014级家长学校发言稿

尊敬的各位家长：

大家好！非常荣幸地应高一年级宋瑞主任的邀请，在这里有机会跟在座的各位分享交流我从教十多年来的教育教学经验，也希望能给您带来些许的帮助。

首先简单介绍一下我自己。我是一名政治老师，现在高一任教，也是有着多年工作经验的文科班的班主任，现所带班级是高一26班文科博雅班。

我想，主任选择我来进行今天的讲座，可能是因为我在过去的教学中也取得一些成绩，在2011年高考中，所带班级两名学生考入北大，其中肖政兴同学以高一年级1388名的入班成绩最后达到高考633分考入北大，书写了一个传奇，8名同学达到文科600分以上的优异成绩，使我们班位列年级普通班中第一名。在2014年的高考中，所带班级的马识濛同学和郭伟同学同时考入到香港中文大学，并取得了免学费的政策。同时，所带的班级在重点率与本科率上都位居年级第一位。这些成绩的取得来自于学生们自身的刻苦努力，也来自于我与其他科任老师的辛劳工作，更有家长们的细心规划和引导。

正如著名教育家马卡连柯说的，必须拿出父母全部的爱、全部的智慧和所有的才能，才能培养出伟大的人来。要想把我们的孩子培养好，不仅要有爱，还要有计划和规划。所以，我今天与大家交流的题目是：用爱和智慧为孩子创造一个未来。

一、根据孩子的不同情况制订不同的陪学计划

提到这个话题，我就会想到家长们经常对我抱怨说，谁谁家的孩子不用管自己，可知道学习了，学习成绩还好，可我们家的孩子天天就这么陪着、看着，成绩也不让人满意。这种心态我也是时常涌上心头的，看到班里优秀的学生我也羡慕得不得了，这要是我儿子该多好啊。可是我们要正视现实，自己的孩子也许就不是那种特别省心的，只能由家长多付出，才能和别的孩子一样优秀。另外，我们可以这样来安慰自己，孩子能在身边的时间又有多少呢？他们上了大学以后，和你在一起的时间就屈指可数了，珍惜现在和他们在一起的时间不也是一种享受吗？且行且珍惜。所以，我们要尽可能多地抽时间陪伴他们学习。

孩子的类型不同我们的陪学方式也要有所变化。

第一种，勤奋且成绩较好型。虽然不是非常聪明，但学习很用功，知道学习的重要性。这种类型的孩子由于知道学习的重要性，学习习惯也很好，家长就会很放心，因此就容易忽视他们在学习中存在的问题。我在教学中发现，他们之中有一些是不善于去发现学习中的疑难点，不太愿意将自己的疑惑告诉老师。长此以往，他们的学习成绩很难名列前茅。如果您的孩子是这种类型，那么我的建议是鼓励他们一定要把自己不会的知识弄懂，去问老师、问同学，不要越积越多，另外可以去找比较好的老师定期来给孩子答疑。这一类的孩子不是天天跟在身边看着，而是多给他建议和帮助。

第二种，勤奋且成绩不理想型。作为这样的孩子，一般人都会认为他们是不是比较笨，所以努力学也学不好啊。其实不然，他们当中只有百分之一的是因为笨的原因而导致学习不好的，另外的百分之九十九都是有其他的原因。所以，家长一定要睁大双眼，找到真正的

原因，否则再补课也是不起作用的。

对于这样类型的孩子，唯一的办法就是看着他学习，或者是一种开放式学习，如果不同意的话，那就要想办法多进屋几次送水果、送吃的东西，借此看看他到底在干什么。或者聘请一个大学生家教来家里陪他学习，一定要在家学习，不能到外面的辅导班去学习，那样你就监管不了他了。

第三种，贪玩的孩子。他们在初三下半年努力学习了一段就考上了高中，也想用高三一年来考上大学，所以在高一、高二时在学习方面很不上心，这就需要家长们和老师们把高中的学习特点和要求多讲给他们听，但有些孩子还是不当回事儿，你说你的，他玩他的，所以家长在这样一段时间里就要多关注他们的作业完成情况，看学校发的大练习成绩，多与老师沟通了解孩子在学校的情况，同时应该在课外的时间里给他安排额外的学习或补课任务，带着他学习，以至于在基础知识层面不会过于薄弱，到了高二下学期或高三时候他意识到学习的重要性时，还能有很大上升空间。

第四种，依赖父母型的孩子。因为家里的条件非常好，他们在渐渐长大中也意识到无论他学成什么样子，家长都会想办法的，所以每天上学、放学，并没有把学习放在心上，或者有的家长有意无意地也表示要让他出国学习，在这种情况下是很难投入到枯燥的学习生活中去的。我班有一个学生，他妈妈在初三时就和他说要送他到上海一个外国语学校学习，后来考上了师大附中，这事就不提了，但孩子心里记下这事了，等高二时我们班里有两个学生出国学习了，这个男生就跟妈妈说要出国，不在这儿读书了，他妈又舍不得了，结果是整个高二下学期后段以及最重要的高二高三衔接的那个暑假全浪费了。还好孩子后来想通了，又开始努力学习了。但成绩到现在也不太好，很是可惜。

所以，我想我们家长能不能在孩子面前有所保留，还没有办的事情最好不要让他知道，最好让他明白只有高考这一条路走，同时现在高考越来越透明，形势越来越严峻，全要靠他的分数来决定命运，他们如果能够意识到这一点，他们能做得比您预想的要好。

第五种，过度自信型的孩子。他们学习一般处于中等，但对自己过于自信，认为现在是自己不想努力，也不想像别人那样天天只知道学习，还要干点自己喜欢的事，自己没努力，所以自己的成绩还不是很拔尖，一旦要是努力学了，那成绩一定会很好。这样的孩子会在高二下学期才能意识到自己的错误，因为学习是一个积累的过程，没有打下良好的基础是不行的，我教过这样类型的孩子，的确会在高三有提高，但绝对不会考上特别好的大学了。对于这种类型的孩子，家长可以帮助其制订考试目标，一定要制订循序渐进的小目标，一次考试进步三五名，如果他连续几次达不到要求，就会重新审视自我，改变学习策略，这个前进目标不应太大，否则达不到让他清醒的目的，如果他每次都能进步，那么只能说明他还是用心学习的。

二、在高一高二打下良好基础，从而为高三做准备

高中三年的时光，转瞬间即逝，当孩子们还在校园里参加着各种各样的社会活动时，忽然发现自己已经要从这些社团中退出了，因为高三已经到了，不能参加与高考无关的各种活动了。为了能更好地适应高三的学习，我想从高一就要从以下三个方面做好准备。

（一）量力而行做好高中三年规划

高一的同学们经过坚持不懈的努力和拼搏，顺利地完成了初中的学业，完成了人生的又一次转折，成为一名高中学生。他会觉得我要轻松一下，这时目标和计划就显得尤为重要了。

在刚入校时，同学们可为自己制订一个发展规划，从学习方面、个性发展方面、个人综合能力发展、个人品德修养和行为习惯等方面，分三个学年制订自己的发展目标，确立自己的人生规划。为自己确立一个大梦想，最好还要分解成几个小梦想，所有小梦想实现了，大梦想自然会实现。只有这样做，才会在一个小梦想的实现中，找到学习的动力和信心。

我觉得在高一下学期就可以和孩子一起制订一个高考目标，也就是想去哪一个大学。根据孩子的愿望和自身的实际情况，定下目标后，找到这个大学在吉林省近几年的录取成绩，我是在高二上学期的时候，把当年高考报考的书拿给同学们翻阅，让他们了解有哪些大学，选定目标后，我告诉他们需要在学习上达到年级的什么名次，这样他们就对自己的目标有了一个准确的定位，而不至于每天抱着不切实际的理想来度日。

有了目标后就要付诸行动。与初中相比，高中的学习有一些新的特点：①知识量大；②学科内容深，学科知识的抽象概括性强，需要掌握大量的科学概念、公式；③综合性、系统性强，要理解或解决一个问题，往往需要综合运用各学科知识。高中生每天要学的内容很多，如果不分先后顺序和轻重缓急，就会手忙脚乱、丢三落四，本来能学好的东西也学不好了。这就需要制订一个学习计划，每天运用计划促进学习目标的实现，磨炼意志力，养成良好的学习习惯并且提高学习效率，减少时间浪费。

每个同学的具体情况不同，学习计划也应该因人而异，但学习时一定要有时间限制。为了提高效率，在制订计划时，要适当给自己压力，对每一科目的预习和复习要做到三限制：即限定时间、限定速度、限定准确率。这种目标明确且有压力的学习，可以使注意力高度集中，提高复习效率。同时，每学习完一部分时，都有一种轻松感、愉悦感，会更充满信心地复习下去。

对照计划反省。计划一旦制订，就要雷打不动地完成，如有完不成的，也应立即在次日加倍补上。如反省自己，当天的计划完成了没有，明天先干什么，再干什么？如果完成得好时可奖励自己一次；如果完成得不好时可惩罚自己一次。这样做，既有约束力又有可操作性，每天都会感到在进步。一段时间后，还应该根据自己的学习情况，对计划做出进一步完善，使其更好地促进学习。

公开学习计划。少数高中生缺乏自我约束能力，这样的同学在制订学习计划后，最好向家长、老师或者同学宣布。这样做一方面会起到监督作用，也会起到一个强迫约束效果，当自己不能坚持时，马上就会想到"是否别人会笑话自己意志薄弱"或者"太没出息了"，因此就能坚持到底，"无论如何，一定要坚持实行自己的计划"。

（二）养成良好的学习习惯

著名教育家叶圣陶说："什么是教育？一句话，就是要养成良好的学习习惯。"良好的学习习惯是一种良好的非智力因素，是学生必备的素质，在高一阶段应该形成以下几种好习惯。

1. 尊重与欣赏老师的习惯

学生尊重老师，是搞好学习的前提；学生欣赏老师，是产生兴趣源泉。教师要面对全班学生施教，而全班学生个体是有很多差异的。要老师适应每一个学生，那不现实。学生个体必须学会适应老师。学生与老师产生抵触甚至是对抗情绪，是造成偏科的主要心理原因，正所谓亲其师而信其道。家长如果听到孩子回家对某个老师的评价不是很好，请一定多进行正面引导，比如我现在带的班级里有的学生在高二分班时就对某个学科老师觉得不适应，感觉不如原来的老师好，但班主任和家长如果多帮他分析分析，孩子就会尽快适应。

2. 自学预习的习惯

自学是获取知识的主要途径。就学习过程而言，教师只是引路人，学生是学习的真正主体，学习中的大量问题主要靠自己去解决。

阅读是自学的一种主要形式，通过阅读教科书可以独立领会知识，把握概念的本质内涵，分析知识前后联系，反复推敲理解教材，形成能力。

提前预习是培养自主学习的精神和自学能力、提高听课效率的重要途径。提前预习教材，自主查找资料，研究新知识的要点、重点，发现疑难问题，从而可以在课堂内重点解决，掌握听课的主动权，使听课具有针对性。

3. 专心听课的习惯

教与学应该同步，应该和谐。学生在课堂上要集中精神，专心听教师讲课，认真听同学发言，抓住重点、难点、疑点听，边认真听边积极思考。已经超前自学过了，也还是要认真听，要把教师的思路、其他同学的思路与自己的思路进行对比分析，找出解决问题的最佳途径，并在这过程中尽量多理解记忆一些东西。认真做好课堂笔记，是保证专心听课的重要途径。

做笔记的好处有：

①思想不易开小差，能保持注意力集中、持久，加强对知识的接受与理解。

②记笔记要手、眼、耳、脑并用，使感觉器官和思维得到综合训练，提高学习能力，锻炼逻辑思维能力。

③提高应用文字能力，练出速记本领。当你脱离笔、本与人交流时，记忆能力也比较强。

④省去考前突击查资料、重新思考、临时归纳所花的时间，能得到事半功倍的效果。

4. 积极思考、善于提问的习惯

学问、学问，学习就要开口问；不懂装懂，最终害自己。

提问是主动学习的表现，能提出问题是学习能力强的表现，是具有创新精神和创新能力的表现。善于提问的人，就是善于思考、善于质疑、善于探究、善于发现的人。

5. 切磋琢磨的习惯

《学记》上讲："独学而无友，则孤陋而寡闻。"

同学之间的学习交流和思想交流是十分重要的。遇到问题要互帮互学，展开讨论，进行思维的碰撞。在碰撞中要努力吸取别人的优点来弥补自己的不足。

6. 独立完成作业的习惯

做作业是知识积累、巩固的过程，也是知识消化、能力提高的主要途径。

做作业时，要认真思考，总结概念和原理的运用方法、解题思路，并且尽量多记忆一些有用的中间结论。作为家长您一定要客观公正地看待每次大练习成绩，不能过分重视，成绩真实是最重要的，您太关注，他就会抄别人的了。

7. 复习归纳、整理错题集的习惯

德国的心理学家艾宾浩斯通过实验发现，刚记住的材料，一小时后只能保持44%，一天后能记住33%，两天后留下的只有28%，六天后为25%。所有的人，学习的知识都会发生先快后慢的遗忘过程，这就是教育学中讲的与遗忘曲线做斗争。一些记忆力好的学生是因为能经常从不同的角度、不同的层次上进行复习，做到"每天有复习，每周有小结，每章有总结"，从而形成了惊人的记忆力。因此，很多学生对所学知识记不住，并不是脑子笨，而是不善于复习，或复习功夫不深。有专家研究指出，最聪明的人约占3%，反应慢的人也占3%，剩下

94%的人是差不多的，差别在于训练的不同。

复习就是通过对知识、对解决问题的思路进行提炼和归纳整理，使零碎的知识、分散的记忆得到一个串联，从而使知识系统化、条理化、重点化，避免前后知识的脱离与割裂。

复习是有规律的。复习必须及时，否则超过了人的记忆极限点再去复习，将要多花几倍的时间，而且效果不好。因此，必须有计划、不间断地复习。

①每天，尽量把当天的东西都复习一遍，每周做一个总结；一章学完后，再总复习一下。

②对记忆性知识的复习，每一遍的用时不需多，但是反复的遍数要多，以加深印象。

③每章、每节的知识是分散的、孤立的，要想形成知识体系，课后必须有小结归纳。

平时要把有疑问或是弄错的地方随手拿张纸记下，经常看看。有价值的就要用专门的本子记下，并找些可以接受的类型题、同等程度的相关知识点，认真研究它们的异同、解题的技巧和办法。错题本和积累本是非常有价值的。我建议学生要有个错题本，把平时练习中的错题记下来，总结一下，过两周再做一遍，会的划掉，不会的过两周再做。

（三）合理利用好高一、高二阶段的每一个假期

对于高中的学生而言，高三基本上假期很短，作业很多，高一、高二的假期就显得尤其重要。如果能科学地安排规划，完全可以做到愉快、充实，从而成为学习的转折点。那么，如何利用好这珍贵又短暂的假期呢？假期又应该完成哪些学习任务呢？

首先，假期必须做好整体的规划和每天的计划。"凡事预则立，不预则废""没有计划的学习简直就是在散步"，多少苦口婆心的忠

告告诫我们做事前制定计划的重要性，学习亦如此，特别是假期的学习和生活。

一要明确你在为谁学习，确定自己需要做什么，要做到什么。二要明确自己准备怎么做，有多少时间，有哪些任务，每天需要完成哪些，这些最好写到纸上，贴到墙上醒目的位置。对于自制力不强的学生，一定还要再找一个人每天监督自己，并自己定好未完成计划的惩戒措施，严格执行。

其次，要有针对性的利用假期。

1. 对于有薄弱科目的学生来说，假期必须要完成的任务之一就是"弥补提高薄弱学科"，如果薄弱科目的基础掌握得还可以，那么可以选择自学+做题的方式，我们反对题海战术，但我们从不反对多做题，特别是要想弥补薄弱科目，不多用点时间、不多做点习题是绝对不行的。一个学生，数学成绩不太好（高二上学期数学分数很少上过100分），但高二寒假开学后，问老师问题明显多了，并且明显感觉会问问题了，高二下学期以后数学成绩得到飞跃式提高，她告诉同学，自己寒假里每天上午都是拿出四个小时学数学，先是把书上的题目从头到尾做一遍，然后做练习册，后来又抽出时间做了一些高考题，整个寒假光数学草稿本就用了六本（每本50张），寒假学完后马上信心大增，从开始对数学反感到喜欢上做数学题。

当然，如果很多基础性的东西都没掌握的学生，建议去上有针对性的辅导班，或者有能力的最好选择一对一的家教辅导，但一定要选择正规的确实有针对性的辅导班，找家教时一定要选择带过高三、真正研究过高考的辅导老师。有一位学生找了一位家教老师辅导，那位老师用了一多半的时间给他大讲特讲数学中的排列组合，但殊不知数学中的排列组合五年前在高考中还算重要，但今天文科数学早已不学，理科数学它的地位也被严重弱化，也几乎不考，如此看岂不是误人子弟？

2．对于程度一般偏上或者说较好的学生来说，假期必须要完成的任务之一就是总结、归纳、整理。一个学期的学习，很多知识都是零碎的，且平时的练习训练缺乏系统性。知识的学习过程其实就是一个系统化的过程，你需要把新的知识根据它的特点、方法等归纳到你已有的知识系统中，形成知识网络，才能达到灵活运用。所以，假期一定要重新从整体角度对每一科学过的知识进行归纳、总结，具体的做法为读课本、整理课堂笔记、整理已做过的习题、归纳每一节每一章的典型例题或代表性较强的题目、从方法上归纳已做过的题目、分类整理归纳错题等，这一过程就是华罗庚先生所言的"把书读薄"的过程，经过这一过程，你把一学期来每科所学知识、方法归结到十几页纸上、几十道错题上、百道左右的典型例题上，下一学期才能做到轻装上阵，为未来学习奠定基础。

3．对于成绩比较优秀的学生而言，假期应该完成的任务之一就是用心打造优势科目。在平时的考试中乃至高考中要想脱颖而出，必须要有"利器"，在高考考查的六门科目中，你应该努力让一两门科目成为你的"利器"，说明白些就是在考试中能够和别人大幅度地拉开分数，否则你谈不上是"高手"。同时，这样的优势学科还会让学生在考试时增强自信心。

4．无论是文科生还是理科生，数学很重要，文科综合或理科综合也很重要，但今天我要说的是，最重要的是英语和语文。之所以这样说，原因有二。

（1）近些年高考中的尖子生，语文成绩必须要达到125分以上，英语成绩必须突破140分，否则要成为尖子生是"没门儿"的。

英语是高考中最容易得高分的科目，我总认为，英语之所以成为很多国家的官方语言，最重要的原因之一就是它简单。所以在高考的英语中，考到140分以上对优秀生来说都是小菜一碟，否则你会被别人拉开分数的。学习英语没别的方法——多读、多背、多写、多用。这几年倍受欢迎的香港各大学也对英语单科做出了具体的要求，五大校都要求在英语成绩130分以上才能进入面试，其他科的成绩没有要求，如果想考香港的大学，英语成绩必须过关。

学英语，多背是关键。我在2011年带高一的时候，英语老师让学生背课文，我给班里的8名同学监督检查，一年的时间里我发现他们越背越快，成绩也在不断提高。

（2）语文学习中也要多积累。有一名学生语文成绩很好，她有一个本子，专门记录自己读错的字、理解错的词语，还有一个本子，专门记录平时读到的优美的句子，每天记录，经常翻看，日积月累，沉淀下来的就是所谓的人文素质以及令人羡慕的语文成绩。

这两门学科学习不需要大块的时间，只需每天的零碎时间，如课前课后。所以，在假期补弱很重要，造强也很重要，但千万不要忘了每天的英语和语文的学习、积累，这两科绝不能被别人大幅度拉开，否则你就失败了。

高中的每一个假期是对学生的考验，没有老师的检查督导，没有学校"教育场"的影响，你能不能充分利用这段时间好好学习，弥补弱项，培养优势，将影响你下一个学期，甚至后续的整个高中学习。这是一场在假期中相互看不到、开学后却能明确感受到的比赛。所以，充分利用好假期有限的时间，努力让假期成为你学习的转折点。人生不是赢在起点，而是赢在这一个个的转折点！

高二班主任开学第一次发言

亲爱的同学们：

非常高兴大家都度过了一个愉快而又充实的暑假。

我们这个新组合的班集体，同学们来自不同的班级，然而今天，大家在一起，已经一个学期了，我们也一起经历了一些风雨。作为班主任，我真诚地希望大家能够坦诚地交流，愉快地相处，互相帮助，彼此友爱，整个班集体处于一种和谐和共同进步的状态，在2014年夏天创造属于我们2011级30班的辉煌。

过去的一年，每个人的经历都不尽相同。首先，我要告诉那些已经适应了高中学习生活并在学习上不断取得进步的同学，你们应该认真总结一年来的学习经验，继续努力，学得更加主动、积极。你们唯一需要的只是时间，我相信，天道酬勤，坚持下去，成功指日可待。其次，我要告诉那些成绩虽然不令人满意，但还锲而不舍地努力的同学，你们学习很认真刻苦，可能方法还不得当，还没有进入学习的"自由王国"，进入高二，你们应该多琢磨方法，多听听科任老师的建议，多吸取别人优秀的做法和学法，不断调整，我们相信"苦心人，天不负，百二秦关终属楚"。最后，要告诉那些极少数的曾经对学习、生活缺乏规划，学习目的不够明确、学习劲头不足，浑浑噩噩混过了一年的同学，高中时间已经过去了三分之一，如果将高中三年比作人的一生的话，你已经浪费掉了最宝贵的前20年，如果还想活得有价值一些的话，你必须从现在开始觉醒，抓住剩下的时间奋力冲刺。对你们来说，学习没有搞好，"非不能也，是不为也"，只要我们现在能及时端正学习态度，审时度势，怀揣"再也不能那样过，再也不能那样活"的决心，拥有"我的未来不是梦"的气魄，赶紧从半梦半醒中走出来，一切都还来得及，否则到了高三，就会出现"要为也，却不能也"的尴尬局面。

高一对你们来说或许有成功也有失败，但现在一切都已经过去，我希望同学们都已经有了属于自己的一份思考和总结。人最怕的其实是迷失了人生方向，忘记了自己最初的理想。我坚信，只要我们肯努力、敢吃苦、有恒心、不放弃，我们就一定能够越来越接近我们的理想。

说实话，在今天做老师难，做班主任难，做一个文科班的班主任更难，而要做好，让同学满意、家长放心、领导信任，我必须付出许多时间和精力，有些时候甚至会发现，仅仅凭个人的努力和热情是远远不够的，还有许许多多外在的因素。所以，我需要同学们的配合和帮助，我愿意并渴望和你们交朋友，让我们一起努力，创造属于这个崭新的2011级30班的辉煌。

作为班主任，我将会和大家一起共同面对管理中的许多事情，我深深地知道，做好这些事情，没有每一位同学的热情参与和积极配合，我们一定无法及时而出色地完成任务。作为2011级30班的一分子，我们要毫不推卸责任，以主人翁的态度和精神投入到班级建设中去，为它的强盛做出自己应有的贡献。

我们进入了高二，我们向高考又迈进了一步，时不我待呀！高二年级是一个重要的蓄势阶段。高二是一个两极分化期，如果不能及时调整，努力赶超，对于基础差、意志品质差的同学都有掉队的危险。高二也确是蓄势期，如果从百米跑这个项目来说，高一是起跑，高三是冲刺，而高二就是中间的调整蓄积阶段，是决定胜负、预见胜负的重要阶段，所谓蓄势待发，即是此理。我将从以下几点谈谈对我们

2011级30班新学期的新展望。

一、从期末联考成绩看学习态度问题

我们这次的期末统考成绩可以用一句话来概括：出色但并不出彩。有几个原本成绩不错的同学却没考好，原因是多方面的，但是却能从期末统考成绩上反映你的平时的努力程度，而你的努力也非一时之努力，而是表现在平时的功夫。比如，你是否能够坚持自律，能否控制你的情绪，能否使你的心态平和，能否始终保持一种努力的状态。有些同学表现得好，有些同学则不然，我想考不好也不是一时之失误，因为你的表现决定了你的结果，这就印证了米卢的那句话：态度决定一切。

二、面对当前的学习成绩和学校的管理形势应该怎么办

有些同学可能会茫然，学习上缺少方向与动力，个别同学甚至还有转班、转科的打算，而其根本原因还是在于缺乏自信。

不知大家观看北京奥运会时最关注的是什么。可能是赛场或是金牌。而我关注的却是金牌背后，赛场之外的故事。而我的最大收获即是：人最伟大的力量不是来自体格上的健硕，也不是技艺上的超绝，而是源于伟大的内心。一个能认清自我、能超越自我、能相信自我的人才是一个真正有力量的人。一个心态平和、心智稳定、经得起挫折、相信自我选择并为之奋斗到底的人才是最伟大的人。你看哪一个奥运会冠军不是这样的人？而我们又该如何对待我们的学习呢？

首先，要相信自己的实力，我们是重点班，对大多数同学来说，

我们的基础是不错的，大家一定不要放弃。

其次，就是要相信你的选择。你来到文科班且为之奋斗了一年，千万不要轻易放弃你的选择，要相信自己肯定会大有作为，你走的这条路会很适合你，随意的改弦更张对自己是有害而无利的。

再次，就是要相信自己有足够调整和掌控自己的能力。特别是要从内心认清自己的问题，从内心理解老师与学校，愿意配合外在约束力量来实现自我转变，而不是抵触、叛逆、破罐子破摔，而这配合的能力也是自信的表现。

鉴于此，我们要重新调整我们的班训，我们的班训的内涵要在于引导同学培养坚定、充实的内心，心智更成熟、更稳定，更能坚持如一，更能坚定理想。

立足自我，超越自我！奋斗由我，成功有我！

这两句话，立意不高远，含意不深奥，只是口号，但很有针对性。两句话都突出了"我"，即要提醒自己，先立足自我，认清自己的条件与问题，不回避，然后下定决心，树立目标去赶超。而这一切的基础则是永不放弃地去奋斗，最后你就能成功。

三、本学期的班级管理思路

1. 坚持"严"字当头。通过上学期班主任的调查与了解，以及与兄弟班级、学校的比较，我们班级管理"严"的尺度和标准还不够，特别是在以下几个方面要加强。

课堂纪律方面，要求快速投入学习状态，保持良好的课堂秩序。早操出勤方面，要配合学校严加整顿。进一步提高完成作业的积极性。

2. 坚持实施班长值日制度，落实作业联查制度。

3. 完善对班干部的选拔监督与考核机训，提高班干部的工作效率。

4. 充分发挥科代表的学科带头作用，倡导同学之间的互帮互学，成立学习协作小组。

四、本学期学校教学管理制度的变化

1. 学生实行全封闭管理，走读生名额可能会有所减少，要求走读生严格要求自己。

2. 教学上，推行周清、月清与月考周测制度。

3. 制定了更加细致严格的学生管理制度，并实行班级量化管理积分奖励制度。

希望同学们能积极行动起来，认真配合学校管理，为自己定位，为班级争光。

各位同学，新的学年、新的挑战、新的开始，不管你以前表现怎样、学习如何，今天都是你告别过去、重新开始的日子。没有人能改变你自己，除非你自己愿意改变自己，只要你愿意，任何人都不能阻挡你成功的脚步。我们来到人世，并不是要我们总是充当陪衬别人成功的绿叶，我们没有理由总是躲在幕后看别人演出，要相信自己的力量，勇敢地冲向前台去演绎自己精彩的人生。然而，人生并非一直坦途，俗话说"人生不如意，十有八九"，在接下来两年的学习中，注定不可能一直春风得意、一帆风顺。学习成绩起落不定使人心烦意乱，朋友、同学、老师、亲人的误会使你闷闷不乐，或者是一些不经意的事情也会使你情绪低落，失意、挫折、变故也会不时地"眷顾"你，当你郁郁寡欢时，只要想想"世上没有解不开的结，没有跨不过的坎"，烦恼便会烟消云散，当你遭遇挫折、困难时，想想这是人生的必修课，你就会迎难而上，也许人生正是因为拥有这些才显得多姿多彩。

说实话，困难无处不在，今天老师站在这里，压力也是比较大的。同学们拜师于我的门下，家长把你们送到我的班级，也就是对我寄予了很大的期望。为了不辜负大家对我的信任，我唯有勇于挑起重担，必须付出更多的时间与精力。然而，仅凭老师个人的努力和热情是远远不够的，同学一定要树立这样一个意识：这个集体的主人是我们自己，而不是仅仅是班主任、几个科任老师。所以，在接下来两年的学习生活中，班级各项工作需要同学们鼎力合作，共同努力。希望我们能同甘共苦、齐心协力，打造出一个崭新的2011级30班。事实上，建成一个优秀的班级是一件双赢的事情。我相信，在座的每一位同学都希望能够生活在一个班风优良、学风浓郁、生活简单、和睦友好的集体里，你们既是优良班级的缔造者，又是优良班级的享有者。

同学们，新的征程已经开始，高二是承上启下关键的一年，在这一年里，我们一共要参加三个科目的会考，同时还有部分学科要进入到高考复习，时间紧、任务重。学校也为我们安排了最优秀的老师，希望大家能够把握机遇，抓住一切时间去提升自己，抓住一切机会去解决自己的困惑，特别是有偏科的同学，要及早地花大力气打好薄弱学科攻坚战，总之高二这一年我们要做到：聚精会神谋发展，一心一意夯基础，为高三的早日腾飞做好最充分的准备。

此时此刻，我相信在座的每一位同学都会有想学好的强烈愿望，同时我也相信每一位同学都有获得最后成功的强大潜能。从现在开始，只要我们团结一致，共同努力，坚持不懈，我们一定可以获得最后的胜利！2014年的辉煌一定属于我们！

2020年东北师范大学政法学院
讲座发言稿

作为附中班主任队伍中的一员，已经十多个年头了。所带的文科普通班在历届高考中也取得过高考考入北大、香港大学、香港中文大学的佳绩，更重要的是在当班主任的这些年里分享到了学生们点点滴滴成长的快乐和成功的喜悦。

一、珍惜自己的班主任岗位

在整个学校教育体系中，班主任是最重要的，没有之一。如果说教育就是一场战争，那么班主任就是在最前面冲锋陷阵、浴血奋战的一群人，他们付出最多，也最辛苦，风险最大。这样的比喻或许不太恰当，但事实也何尝不是如此呢？

班主任工作的核心是用自己去影响学生，因而我们有责任将自身铸造得更乐观、更自信、更具生命活力，从而用我们充满正能量的生命去点燃学生的激情！

二、做好自己的班主任工作

1. 加强沟通，尽快熟悉学生情况。通过研究学籍表，掌握好第一手材料做到"未成曲调先有情"。初步了解每个学生的基本情况，如姓名、年龄、家庭住址、家长工作单位、教师评语、学习成绩、特长等。熟悉学生姓名时应认真，因为读准名字，能够表现对学生的尊重，也反应了工作的细致认真。在新同学进行报名时，不用问就能叫出很多的名字，这会给学生和家长增添几分亲切感，学生对班主任也会肃然起敬。学生进校之初，利用学校对新生入学教育的时间，充分接触每一名学生，了解他们的个性、爱好和要求。同时，要注意自己的仪表，衣着要整洁，举止文明端庄，目光友善，要以形象吸引学生，以魅力感染学生，以威信使学生信服，以情感感动学生。

2. 排定座位表，稳定学生情绪。安排座位历来是学生、家长和教师最敏感的问题。新接班排位时以身高为准，以视力为参照，注意男女生搭配，注意学习成绩的均衡。同时要教育学生，在学习上客观条件是次要的，重要的是发挥主观能动性的作用，教育学生要有先人后己的思想，处处谦让，把好座位留给其他学生。另外，要积极做好学生家长工作。

3. 创造温馨和谐的班级环境。有位哲人说过："凡是美的都是和谐的。"和谐的实质是一种团结协作精神，是形成凝聚力的精神。它体现了学生管理中各种关系的协调程度，而温馨的环境则是和谐意识不可缺乏的摇篮。新生刚进校就把班级的墙报、园地和黑板报布置一新，并在讲台上和电视橱上放上两盆待放的花卉，把教室装点得生机盎然，充满活力，使班级呈现出一种扬帆待发、大展宏图的学习氛围。为了给全班学生温馨的感觉，在新生进校第三天，我就把全班同学的生日记在工作手册上，每个同学的生日都由我们班集体为他画一张精美的生日卡片，每一句真挚的祝福话语，都会让他感觉到在这个班级就像在家一样。在这种温馨的班级氛围里，能真正做到一方有难，八方支援，对班级和学校的各种活动，每个人配合得又都很好，这就大大地培养了他们的集体主义观念。

第一阶段：开学前夕，直接由班主任对教室进行布置，可以在黑板报上写几句热情洋溢的班主任寄语，把课程表、作息时间表等张贴在布告栏中，同时还要把教室里的桌椅摆放整齐，窗户、地面打扫干净，创造一个舒适、整洁的学习环境，让学生一进教室就能体会到大家庭的温暖。

第二阶段：开学后，鼓励学生创造性地设计、布置、改善、保护教室环境，力争使一种温馨的班级环境呈现特色化，让班级环境成为学生表现创造力、体现个性化的舞台。由全班师生共同讨论班级口号，共同开辟班级兴趣角等，让每个人头脑中的一份智慧，通过交流变成两份、十份，甚至更多。让孩子们充分体验着奉献爱心的成功与满足，同时也学会了汲取知识的本领。

4. 制订班级明确而切实奋斗目标。目标及奋斗的方向，也是集体发展和个人成长的动力。班主任根据班级实际情况和学校整体目标，发展制订班级长远的和近期的发展目标，特别要帮助每个学生制订发展目标。目标既要全面，又要有特点和个性，让每个人都看到希望，从而产生奋发向上的内在动力，在学生实现个人目标的同时，良好的班集体也就形成了。

5. 指导学生管理，以提高学生自我管理能力。要实现班级集体的自制管理，形成良好的班集体，班主任应巩固与发展团员队伍，培养一批得力的班干部。德育的原则中有一个"教育和自我教育相结合"的原则，这个原则中特别讲到为提高受教育者之间互相教育的能力，需要建立有教育效能的良好班集体，特别要在学生中培养学生骨干，作为团结和教育全体学生的核心力量，并依靠这支力量形成舆论，培养良好的班风。可见，班干部的培养是实现自制管理的关键，我在班主任的工作中把相当的精力放在干部培养上。新学期开始，我在班级中实行班干部竞选制，要求有志于提高自己的组织能力的学生毛遂自荐，再由班主任审查批准。竞选前要看一周的自我表现，表现的内容有较强的自制能力、良好的学习和生活习惯、较高组织能力等，这种方法极大地调动了班干部的工作积极性，也调动了全体学生的参与热情。当班委会组建以后，对他们提出要求和目标。要求：（1）树立为班级体服务的精神。（2）注意文明礼貌并要关心同学。（3）学习上以刻苦的精神影响和感染同学。（4）纪律上要求别人做到的班干部一定先做到。目标：愿意管事、敢于管事、善于管事。我经常为班干部出点主意，为他们的工作排忧解难，严格要求班干部，发动学生总结表彰班干部等，从而形成自我教育、自我管理、自我控制、自我发展的力量。

6. 建立良好的师生关系。从现代教育理论看，建立合理的师生关系是体现主体教育思想的关键所在。要培育和发挥学生的主体性，首先要确保学生教育活动中具有一种实实在在的主体地位。合理师生的关系要点是平等、民主、相互尊重。在比较理想的师生关系中，教师应该既是师长又是参谋、朋友、顾问。班级中所有的人际关系应该形成这样一种氛围：让每一名学生都拥有自信，又让每一名学生都学会尊重别人。切记居高临下、夸夸其谈、言行不一。良好的口头表达能力是身为班主任的必修课程之一，但空谈和啰嗦都是谈话的大忌。

7. 培养良好习惯。形成家庭与学校的教育合力。教育家叶圣陶指出："什么是教育？简单一句话，就是要养成习惯。""事实上，一切教育归结为养成儿童的良好习惯，往往自己的幸福都归结自己良好的习惯。"而好习惯需要长时间养成，所以班主任应从新生入学的第一天就要开始培养，培养学生良好的学习习惯、生活习惯等。

随着社会的进步，学生理想日趋完善，我们要尽快了解学生，使师生关系更融洽，因材施教，区别管理。除了直接对学生管理外，还要积极主动地接触家长，比如建立微信群、QQ群，开家长会、家访等，介绍自己的治班方针和工作打算，争取得到家长的理解支持。

8. 要有足够的热心、耐心和爱心。"十年树木，百年树人。"培养一个举止文明、道德高尚、有益于社会的人不是一日之功。作为班主任，对学生的困难要热心帮助，对纠正学生不良之风，改变学生落后的思想认识、模糊的是非观念等要有耐心，要结合学生的学习生活实际加以引导，教育学生克服弱点，发扬优点，树立自我进步和发展的信心。作为班主任要把爱心倾注在每个学生上，因为爱心可消除与学生的隔膜，加深学生的感情，唤起学生奋发向上的信心，增强班集体的凝聚力。

三、班主任工作的技巧策略

（一）管与放

必须管的方面主要包括：第一，制订班级的长期目标，把握班级工作的整体思路；第二，培养一支强而得力的干部队伍，并加以指导监督；第三，做好个别学生及全体学生的思想工作，增强班级凝聚力、向心力；第四，协调多方面关系，形成教育合力。

必须放的方面主要包括：学生能干的、主题班会、每天的教室清洁工作、课间操甚至一些大型的活动等。

总之，管大放小，管主放次，授权负责，分层管理，既有利于班级的建设与发展，又有利于学生个性完善、能力的提高。

管理班级要公正。公正不仅仅是班主任为人处世的准则，也是师德的重要体现。教师对学生的公正最主要的是要做到"平等地对待学生"，"爱无差等、一视同仁"。而工作中的"人情网""对自己的言行给学生造成的伤害估计不足""对丧失公正会损害自己的威信认识不清"等因素往往使我们有失公正，背离了师德。为了维护自己和学生的正当权利，为了避免对学生心灵造成的伤害，有时我们不得不打破那"一团和气"。因为"一团和气"最终难以逃脱"一团怨气"。

（二）活与静

必须活的方面主要包括：

1. 课堂氛围一定要活。较有效的措施有以下两个方面。第一，开始上课时的师生问好，要求学生充满激情，高亢的问候声既可以调动学生的激情，也可以调动老师的激情；第二，课桌上不能堆太多的书，让不想参与课堂的学生无从藏身，很好地调动学生参与课堂的积极性。

2. 各项活动一定要活。该玩的时候就要尽情去玩，玩出自己的水平来。

3. 性格一定要活。学生最重要的工作是学习，但不能只盯着学习成绩，而应培养良好的心态和开朗的性格，多谈谈他的特长，适当指出他的问题，让他觉得并不是一无是处，只要坚持一下、多一点努力就可以做好。

必须静的方面主要包括：

1. 学习的时候心要静。人只有在心平气和的情况下才能有更高的效率，尤其是在自习时间，要能入定境，学习过程中不能像一只兔子，外面的任何风吹草动都可以察觉到，这样是不可能搞好学习的。

2. 学习环境要静。主要是三个时间段：自习时间、午休时间、课间时间。课间保持教室的相对安静，虽然不一定像自习课那样绝对安静，但也不能太吵，需要休息的同学尽可能到教室外面休息放松。

（三）严与宽的尺度

必须严的方面主要包括：

1. 新班级建立之初一定要有比较严格的管理。因为开始的严格便于学生的养成教育，一旦通过开始的严格管理使学生养成了良好的学习习惯和行为习惯，以后的管理就会事半功倍。

2.各种规章制度一旦制定就要严格执行。

3.严格处罚也要讲技巧，不同的情况要有不同的处理方法。对于班级的主要班干部，在公共场合有问题一定要处罚，但同时也要爱护，不能把自己的核心队伍打散了；对于那些成绩很好的同学犯了错误，一定要敢于批评，因为往往这些同学都是班里的榜样，榜样的力量是无穷的，如果这些同学不能管住，他们产生的负面作用将是巨大的，班上一定不能有特殊的尖子生；对于那些屡教不改的顽固分子要学会冷处理；在原则问题面前，就没有这么多区别了，不管是谁，只要犯了原则性错误，那就是毫不客气的，比如说影响他人学习的、扰乱课堂秩序的、顶撞老师的、考试舞弊的等等。

必须宽的方面主要包括：

1.打一巴掌给一颗糖。不管是谁，处罚之后，班主任要私下做好被处罚学生的思想工作，使其正确认识错误并努力改正。

2.处罚的方式要多样化，要寓教育于处罚之中。如唱一支歌、做一件好事、写一份关于错误的说明。严不是冷面铁心，宽也不是迁就纵容。只有做到"严中有宽，宽中有爱，爱中有教"才能达到预期的教育效果。

要想成为一名优秀的班主任需要太多的付出、太多的努力。没有谁能够一下子就具备成为优秀班主任的所有素质；也没有谁可以一下子赢得所有学生的喜爱和同事的敬重。任何一位能够被称为"优秀"的班主任，必定是在漫长的教育教学生涯中，在不断的摸索和碰壁中成长起来的。我们应该做的是不断探索，积极进取。终有一天，我们也会看到自己闪光的足迹。

2011年长春市中考阅卷实践对初中政治教学的指导

各位老师：

大家好！受郝老师的委托，把今年在中考阅卷中的一些心得与各位同事分享。为了能让大家听到一些更有价值的东西，我专门与一位参与中考出题三审的高中老师联系，他提供给我一些信息与大家共同探讨。

我们从7月2日开始批卷子，共批了5天，一共6万多份卷子，每张卷子要批两遍或三遍，三评率高的题总量达到14万份卷。第一天上午试批，确定评分细则，下午正式批，还在不断地更改答案。

一、中考卷命题过程与特点

（一）考试命题原则

（1）考点覆盖面广，考查落脚到重点知识上。

（2）积极引导初中学生重视形势政策教育、关心国内国际大事、关注社会生活、积极开展德育实践活动，帮助学生形成正确的情感、态度和价值观。

（3）命题依据：长春市2007、2008、2009、2010年长春市初中毕业生学业考试思想品德学科试卷及2011年长春市初中毕业生学业考试网上模拟训练思想品德试卷。

（二）材料设计

①关注城乡差异，面向全体学生。考虑到城乡及各类不同学校

学生对生活的体验和所接触的生活背景的差异，摒弃特殊背景的素材，力求面向全体学生，追求选材的公平。②材料内容丰富，语言简短有效。提供作答所需要的足够信息量，但又控制语言文字量，以减少阅读量，降低难度。③坚持正面导向，弘扬先进文化。④注重情景设计，贴近学生实际。为了减轻因大量文字造成的视觉疲劳，适当插入漫画、表格、人物等情景，而且插入的每个情景材料力求恰当、美观、清楚、科学。⑤设问简洁明了，便于理解作答。力求用最短的语言、最通俗的词语表达出对学生的要求。

（三）命题步骤如下

第一步：学习。即学习下发的近三年中考试题、模拟卷试题、学科课程标准、学科教材。

第二步：目标。第一个目标是先命制最后一道题，即"实践探究题"。

第三步：操作。要求每个人根据自己确立的重点、创意、想法等汇总，发挥每个人的创造性和特长。

第四步：交流。到了规定交题的时间后，每个人进行试题反思和研讨。对好的地方加以肯定，对不足之处加以指导，在交流中进一步明确试题指导思想和方向。

（四）试卷结构设计

（1）试卷说明。全卷卷面为60分，试卷由选择题和非选择题两部分组成。其中选择题即指单项选择题，非选择题一般包括简答题、材料分析题、实践与探究题。同一题型中不同题目尽量按由易到难的顺序排列。

（2）试卷分数比例。选择题1—10题每题1分，共10分。11—15题每题2分，共20分。非选择题一共5道，共计40分。

（3）试卷难易比例。试卷中容易题、较难题比例为8∶2。

（4）试卷内容比例。时事政策约占10%，《思想品德》八年级约占25%，《思想品德》九年级全一册约占65%，民族政策按要求占6分。

（5）试卷题量。试卷共20道题，35问。试卷阅读量控制在2000字左右，答案字数控制在500字以内。

（6）试卷总体难度控制。试卷有必要的区分度，难度在0.90左右。

（7）试卷知识点覆盖。按考试说明中以课为单位，覆盖面达100%；按教材中以点为单位，覆盖面积达到85%以上。

二、对备考策略的一点思考

1. 要"依标扣本"开展教学和备考工作

北师版的教材条理不是很清楚，材料的选取也存在一些问题，有争议的地方不会考，错误的地方不考，讲课中难以区分的点较容易作为重点。

2. 加强测试后对基础知识的二次强化

每次测试都是我们对基础知识二次强化的好机会。重视对教材基础知识和高频考点的练习，漫画、图表围绕重大时政热点进行训练。

在此提两个建议：

（1）两句话。"好记性不如烂笔头""纸上得来终觉浅，绝知此事要躬行"。试卷讲解时要注意：教师对基础知识、易错的关键字强调到位后，要看看学生是否按照你教的在书上记好了，关键字写得对不对。

（2）两个做法。督促改正、二次检查是试卷讲评课中十分重要的环节。讲评课时看学生是否把错的题改了、改得对不对。课后收一部分学生的卷子，尤其要看看差一点就满分的学生的卷子，看看他们能不能达到"改后的满分"。

3. 研究《考试说明》，把握好教学方向

《考试说明》（《长春市初中课程学习指导手册》）是中考命题的重要依据。它明确规定中考思想品德考试的内容、方向、能力要求、难易程度。直接体现长春市教研室的中考命题思路。因此，对待《考试说明》不能等同于一般的训练用书。我们需要对《考试说明》上的题进行分析总结，特别是其典型例题，它是解题的范例，复习时要高度重视，讲解时要重点突出，同时还要注意研究今年的考试说明与去年的相比有哪些新的变化，其流露出的新的气息是我们尤其需要特殊加以关注的地方，这样有利于帮助我们避免教学和复习的盲目性，可以收到事半功倍的效果。

4. 注重答题技能的训练，提高学生的应试能力

新课程理念下的中考考查学生的多种能力，如自主学习能力、合作探究能力、搜集处理信息的能力、综合分析及归纳总结问题的能力等等。这些能力的培养需要我们在教学中循序渐进的引导。在"原创试题的时代"，每次大型测试中的材料几乎都是新鲜的，要注重加强对学生从材料中提炼知识的训练。在平时教学中还应注意教给学生一定的应试方法和技巧，教会他们答题技巧，学会审题、答题，提高成绩。在模拟考试阅卷中经常发现，有些学生在解题技巧上犯一些幼稚的毛病，如错字、多字、写相近字造成无谓的失分。比如16（1）在校园里开展"一小时玩翻天"活动体现了对学生的保护，这属于哪一方面保护？学生容易写成校园保护。还有民族区域自治、依法治国的治字和源远流长的源字都很容易写错。

开放性试题语言表述不规范、不严谨、说半截话、所答非所问的现象。克服这些错误不只是在大型考试中，更要关注平时的严格训练

和要求。比如，在平时的练习中，不姑息学生"还行""还可以"的答案。可以促使其养成谨慎作答的习惯，从而在考场上取得好成绩。"细节决定成败，规范决定分数"，要从平时的训练中规范好答题的格式、步骤，尤其是语言表达的规范性。

班主任经验交流分享

作为班级管理者和策划者的班主任，要做的工作既多又杂，其重要性就不言而喻了。我觉得除了常规的管理，我们班主任在学风和班风的培养中，更应明确自身的角色，才能科学的管理班级。

一、班主任首先要做一名激励者

要让学生相信只要他们还拼命努力，就可以成为年级优秀的学生。

1. 召开班会。这是我们都用的策略，但怎么能用好，需要技巧。我的班会主要是根据年级的安排再加上自己班级的需要，时间上一定不能太长，以鼓励、指明方向、明确方法为主。

2. 要经常利用课余时间对学生进行不同层次的、多方面的鼓励，我用得最多的是目标激励法，考前制订合理目标，考后回头看目标的达成率，这种方法可以给学生以强大的动力。与学生达成下次考试的成绩目标，以及达不到时要做到的承诺，形成文字，作为他这一阶段的奋斗目标，以激励他学习，如果达不到可以让他晚上开放式学习或者中午在班自习等，以此约束学生们的学习行为。

3. 把握合适的时机进行鼓动。每一次考试后，我会第一时间向同学们传达班里的考试成绩，先找整个班级的亮点，比如有几个同学考进了年级的前五十、前百，单科最高分都是多少，与年级的最高分差距等。如果成绩还不错，就要及时找到差距和不足，告诫他们应戒骄戒躁，前面还有很多人我们要追赶；当学生成绩不理想时，鼓励他精神饱满，敢于拼搏，告诉学生曙光在前。班主任的鼓动，有时需要慷慨激昂的演说，有时需要语重心长的交谈。那片言只语的鼓励和举手之劳的扶助，都会化作学生无穷的信心和力量的源泉。

4. 要教给学生做一个大气的人。在学习上不能计较，要形成班级的学习团队。现代社会需要的人才是具有团队合作意识的人，只有在学习、合作、竞争环境中才能形成良好的班风和学风。

二、班主任还要是"设计师"

班主任工作在整个三个学年的不同阶段都要有明确的计划和目标，及为实现这一目标制定具体的实施方案，对实施这一计划过程中可能会遇到的困难和问题要心中有数。下面是我的一些经验。

1. 高二是努力学习数学的最佳阶段。一定让学生把数学基础打牢。可以通过学生自主选题讲题法，找你认为好的同学加入到讲题的行列，对这些同学的帮助也非常大，也可以让所有同学的成绩得到提高。

2. 从高三开始，英语学科的学习应该成为重中之重。英语学科在高考当中容易得分，咱们学校的英语功底还好，所以在这科上多下功夫有利于最后高考总分的提高。当然，数学学科也不能能落下。

3. 到高三下学期，我就主张让学生多用些时间学习他的优势学科，因为他们学得不好的学科，即使下再大的功夫，提分的空间也只有三分五分，不如优势学科本来底子就好，学得还快，还会增加学生的信心。

4. 经过几次考试后，把学生分为几个层次，进行分层教育和引导：有希望考去香港的、能上"985"学校的、能上重点大学的学生、能上二本的学生、考不上二本的学生等。特别是那些重点线上下的和再努力就能考上本科的，这样划定之后，我开始找学生逐个谈话，跟他一起分析成绩的高低、功课的优劣，最后找出长处在哪，短处在哪，什么地方、什么科目还可以再拿分。帮助他们确立一个合适的进取目标。通过一次一次的谈话，学生对自己的成绩和所处的位置有了一个更深的认识，学习有了更强的针对性，同时也会使自己班级的重点率和本科率上升。也可以做相应的动员工作，要对家长实话实说，他们也许就会选择另一条道路。同时，还要统筹学生们各科的学习，如数学、地理等。

三、班主任还是"协调员"

学生们在强大的学习压力下，还可能和教师、家长、同学们出现隔阂。班主任必须充当好"协调员"的角色，起着"润滑油"的作用。

一是协调好科任教师之间的关系。要强调班级的整体性，要有效克服科任教师之间各自为政的思想和倾向，避免"内耗"，大家要心往一处想，劲往一处使，为了整体利益，即便个人做出一点牺牲也无妨，特别是班主任不要自己去抢时间、抢地盘。

二是要协调好师生关系。和谐的师生关系可以营造一种同舟共济的氛围，从而使教师教得高兴，学生学得尽心。为此我的做法是要求学生首先要尊重老师的劳动，体谅老师的困难，虚心求学。学生一时犯了错误，我不是一味地要他屈服，学生自尊心很强，要给他一定的时间反思。多讲科任老师的好，让学生做到"亲其师，信其道"。要尊重老师的劳动，体谅老师的困难。科任老师来上课，提醒学生准备水，表示感谢，这些做法会让科任老师更愿意付出。

三是协调好家校之间的关系。很多教育和管理工作要求家校密切配合、步调一致才能取得成效。比如，我会让家长写假期日程安排等，了解学生在家里的学习表现。班主任要加大与家长联系的密度，使自己对学生的情况有个全面了解，也使家长全面了解自己的子女，使家长全方位地接纳子女，使家庭成为考生稳定的支持系统，同时帮家长树立信心。

四、班主任又是"心理医生"

高中学习非常紧张，虽然表面上每位同学都一样坐到教室里听讲、学习，但是每个人的心路历程是不一样的，都可能会经受痛苦、犹豫、灰心、失望的折磨。在我们看来可能是很小的问题，但是对于学生往往就难以迈过那道坎儿。班主任就要善于察言观色，随时了解情况，采取应急措施。

首先要教育学生辨证认识生活和人生。"物竞天择，适者生存"，在生活、学习和工作中，有压力、有竞争是常态。让学生在每天一次的"练兵考"中看淡成绩，而着眼于修补知识漏洞、提高技能技巧、调整竞技状态。成绩好时别骄傲，笑在最后的那一个才笑得最好。要让他们树立信心。

其次，要教会学生自我矫正的方法，鼓励他们去心理咨询室。每两周在班级张贴一次励志性标语，放在醒目的位置。倒计时牌必需有。

另外，还可以让家长给孩子写信鼓励他们，以前教的考上名校的学生，邀请他们给班里学生写信，从而振奋学生精神、激励学生斗志，使其更好地迎接高考的挑战。

新教材　新课程　新高考

课程理论家迈克·富兰说："变革是一项旅程，而不是一张蓝图。"作为高中政治教师的我们，已经踏上新教材这项新的旅程。新旅程，意味着艰难，意味着阵痛。但我们坚信，只要我们了解这项旅程的特点，提前做好应对的准备，就一定会让教育绽放出美丽的花朵。

作为一线教师，因为对如何备好、讲好统编教材还没有很好的想法，对如何使用统编教材围绕议题设计活动型学科课程的教学也把握不准，所以讲授这本教材是惶恐不安的。今天的我也只是谈谈对新教材教学的一些粗浅想法。

一、关于必修一教材的再认识

当我第一次打开必修一《中国特色社会主义》的时候，从元谋人一直讲到十九大，后半段教材还都是党和国家领导人重要讲话、党的十九大报告内容的摘录和节选，真的有些茫然。

再仔细学习必修一，就会发现与以往教材相比，这本教材保持了原有的层次结构，仍然包括课、框、目和综合探究等部分。课明示了具有根本意义的大概念，由表达学习旨要、教学重点的导语和涉及课文主要内容的框构成；框明示了教学专题，框定了教学范围，是构成课文和授课的基本单位，下设目；目明示了教学要点，是细化内容目标、掌控教学进度的基本单位，包括正文和辅助文，辅助文仍然包括探究与分享、相关链接、专家点评等栏目，分别对应焦点问题的辨析、相关素材的拓展、理论观点的释义等，辅助文与正文相配合，二者共同构成完整的结构；最后是起到画龙点睛作用的综合探究，层次结构的这种相对稳定性，使我们能够更快适应和使用这本统编教材。

从教材本身内容的角度讲，自中华人民共和国成立到21世纪初，我国中学阶段政治课一直开设《社会发展简史》或者《科学社会主义》课程。从2004年至今，中学政治教材中不再讲述社会发展史部分的内容，但是科学社会主义的相关知识在高中教材中以选修课程的形式出现。《中国特色社会主义》教材综合了原来的《社会发展简史》和《科学社会主义》两门课程的内容，新加入了中国特色社会主义的内容，以马克思主义和习近平新时代中国特色社会主义思想为指导，通过回顾人类社会发展的一般过程，阐释人类社会发展规律，阐述社会主义终将代替资本主义是不可抗拒的历史趋势，阐明只有社会主义才能救中国，只有中国特色社会主义才能发展中国，只有坚持和发展中国特色社会主义才能实现中华民族伟大复兴。

从内容结构来看，对照新课标，教材没有分设两个单元，而是并列四课配置教学内容。其中，第一课"社会主义从空想到科学、从理论到实践的发展"，这是回顾人类社会发展史和世界社会主义发展史，阐释科学社会主义的基本原则。随后，对应"三个伟大飞跃"的时段安排三课，分别为"只有社会主义才能救中国""只有中国特色社会主义才能发展中国""只有坚持和发展中国特色社会主义才能实现中华民族伟大复兴"，这是基于近代以来中华民族探寻复兴之路的奋斗历程，阐述为什么要坚持和发展中国特色社会主义。显然，如此布局，既从整体上遵循了新课标呈现的课程内容的逻辑框架，又适当压缩了社会发展史的篇幅以减轻教学容量，以便更为集中、更为充分地展开中国特色社会主义的时代主题。

无论从内容结构还是层次结构来看，全部课文之后安排的"综合探究"都是至关重要的。"综合探究一"，回应"中国特色社会主义为什么行"的世纪之问，集中阐释了两个逻辑辩证统一的具体内涵。就理论逻辑而言：生产力是社会发展的最终决定力量；生产力与生产关系，经济基础与上层建筑相互作用、相互影响，构成社会基本矛盾；生产关系一定要适应生产力的状况、上层建筑一定要适合经济基础的状况，这一规律决定着社会形态的依次形成和更替，推动着人类社会向前发展。就历史逻辑而言：中国特色社会主义是在改革开放的伟大实践中、在中华人民共和国成立以来的持续探索中、在党领导人民进行伟大社会革命的实践中、在近代以来中华民族由衰到盛的历史进程中得来的。

"综合探究二"，回应"中国特色社会主义为什么能"的时代之问，集中阐释了中国特色社会主义进入新时代的重大意义。它包括：纵览中华民族从站起来、富起来到强起来的奋斗历程；论证中国特色社会主义"四个自信"的理由；明确"中国特色社会主义进入新时代，在中华人民共和国发展史上、在中华民族发展史上具有重大意义，在世界社会主义发展史上、人类社会发展史上也具有重大意义"。这是整体解构教材逻辑框架和目标设置的点睛之笔。

普通高中《思想政治》全套教材共7册，从各册教材之间的关系来讲，本册教材属于中国特色社会主义总论，从宏观角度论述了人类社会发展规律，重点论述了中国特色社会主义的形成、发展和主要内容。其他必修册次（《经济与社会》《政治与法治》《哲学与文化》）与选修册次（《当代国际政治与经济》《法律与生活》《逻辑与思维》）也都涉及中国特色社会主义的相关内容，分别从专题叙事的角度来阐述中国特色社会主义。本套教材是一个整体，内容各有侧重，但最终都是指向学科的育人目标，培养学生学科核心素养。

二、新教材教学中的问题及应对措施

1. 教学内容过多，重点不突出

在教学中我们会遇到教学内容多，对重点和难点的把握不到位，样样都想讲，样样讲不透的状况，"政治概念多，课时有限，在课堂上要组织学生充分地思考、讨论和回答问题，往往出现教学任务不能完成或者草草完成的情况。

解决问题的最好办法就是教师要紧紧抓住必修一第一课中的学科大概念。"新课标"明确提出："进一步精选学科内容，重视以学科大概念为核心，使课程内容结构化，以主题为引领，使课程内容情境化，促进学科核心素养的落实。"大概念以各种形式体现——一个词、一个短语或者一个问题。"生产力和生产关系的矛盾运动"是一个短语的核心概念；"生产力是最活跃、最革命的因素，总是处在不断进步的变化中，是社会发展的最终决定力量"，是以句子表达的学科观点。大概念是学科的核心。它能够使离散的事实和技能相互联系并有一定意义。例如，第一课用"生产力和生产关系的矛盾运动"这个大概念整合各种社会形态依次更替的事实，呈现不同社会形态下社会生产力和生产关系的特点，多次再现其相互作用的现象。这个大概念帮助学习者将第一课中孤立、零散的事实性知识和技能整合起来，不能将大概念与相关内容联系起来，留给学习者的只能是零碎的、无用的知识，对培养学生的唯物史观和科学精神不能起到作用。抓住这个大概念，就会避免去深挖知识内容，避免学习停留在具体的社会形态知识点本身。如果教师没有学科大概念意识，隐藏在教材中的"生产力和生产关系的矛盾运动"大概念就无法被教师有效揭示，反而会被细化的知识点所遮蔽。因此，教师在组织教学内容时，一定要从构建包罗万象的单纯知识点的逻辑结构转向构建大概念的框架，不必追求知识的大而全，而要抓住核心问题。明白这个道理之后，必修一第一课的重点就是：完成三个核心问题"怎样揭示人类社会发展的奥秘""怎样看待资本主义社会的兴衰"以及"科学社会主义为什么科学"。

2. 教材史实太多，政治课上成了历史课

本册教材涉及到的历史资料很多，有很多内容也是学生在历史课程中学习过的，而且教材在很多"探究与分享"活动的设问都需要学生结合材料内容与所学知识进行回答，"相关链接"栏目也结合正文内容补充了很多历史性材料。因此，在讲述教材内容时，教师要打破历史课与政治课的对立思维，注意以政治课程的思维与视角运用这些材料，让学生从历史发展中认知人类社会的发展趋势，体现教材内容的价值导向，发挥历史类材料的思想政治教学价值，为本课程的教学目标服务。

《高中思想政治课程标准》（2017年版）提出了思政课程教学与评价的具体建议：活动型学科课程的教学设计、辨析式学习过程的价值引领、综合性教学形式的有效倡导、系列社会实践活动的广泛开展。

根据课标要求，在教学实践中可以通过议题式教学法来解决政治课变历史课的问题。以"从原始社会到奴隶社会"为例，本节课设计一个议题："存在剥削的奴隶社会代替无剥削的原始社会是否是人类社会的进步。"围绕这个议题在"议中学""学中议"，能够在很大程度上提升课堂的政治性。因为这个议题既包含学科课程的具体内容，更重要的是展示价值判断的基本观点。学生要解决这个问题，要用统编教材的资料以及教师提供的材料去表达和思考。其结论就是一种社会形态代替另一种社会形态，究竟是历史的进步还是倒退，判断的主要标准，是看生产关系是否适应生产力的发展要求，是否符合人类社会发展的总趋势。通过对这个议题的学习，学生形成了唯物史观，进而培养学生的科学精神，能够用马克思主义基本立场、观点和方法去观察事物、分析问题。

另外，教师要注重价值引领，恰当选择辨析式教学方式。辨析式教学，即通过典型范例分析展示观点，在价值冲突中引导学生深化理解，在比较鉴别中提高认识，在探究中扩展视野，从而实现价值引领。实施辨析式教学时要注意：给学生提供一个开放的情境，营造活跃学生思维、引发学生深度思考的氛围；既要关注过程，又要关注结论，处理好过程和结论的关系，避免过于强调过程，课堂气氛开放、热闹，而忽视适时的、最终的价值引领；辨析要坚持有共同要求，但可以由不同的路径通达，学生可以选取不同的材料、事例、理论，采取适合于自己的论证方式、表达方式论证自己的观点。例如，在讲述"资本主义道路在中国走不通"这一问题时，教师可让学生结合教材内容与近代中国人民的悲惨命运，发表自己的观点，进行深度思考。

结合历史资料达成政治课程教学目标。经验是学生认知的基础，这种经验包括直接经验、间接经验。从经验出发，给学生新的信息，让学生通过思考、实践，获取新的知识，符合学生的思维发展规律，也符合教学规律。与初中《道德与法治》教材相比，高中思想政治教材内容比较抽象，理论性强，所以教师可利用的学生经验主要是间接经验。这种经验与知识主要来自学生对于历史课程的学习以及自己对于材料内容的认知。

结合具体情境，以内容与活动相互配合提升学习效果。在教学中，教师要结合教材正文内容与相对应的活动，注意创设特定情境，让学生通过情境，将思维放到过去所处的相应的时代，从当时的实际情况出发思考问题。在开展探究活动时，教师要按照活动型课程的要求，将正文内容与活动整合起来，避免活动形式单一、内容照本宣科，要使内容与活动相互促进。例如，在讲述原始社会、奴隶社会、封建社会、资本主义社会的生产关系时，教师可通过图片、纪录片或者文字等形式，让学生了解当时社会生产力的发展状况，让学生通过对生产工具、劳动对象、劳动者素质等方面的了解，置身于当时的环境思考当时的社会生产关系；在讲述"科学社会主义从理想变为现实"这一知识点时，教师可播放巴黎公社革命、俄国十月革命的相关视频资料，或者播放《国际歌》，让学生从真实情境中感受无产阶级在资产阶级的残酷剥削与压迫下渴望解放的革命斗争性等。通过具体的情境创设，教师引导学生以历史唯物主义的眼光审视人类社会发展，从而深刻理解社会主义代替资本主义的历史必然性。

3. 文件话语和政治话语较多，课堂变成理论宣讲会

教材编写的准确性、权威性要求教材内容要与党的十九大报告、习近平新时代中国特色社会主义思想保持一致。但是，对于高一学生来讲，教材的文献语言显得枯燥，这就需要教师发挥能动作用，对教材语言进行深入理解与自然转换，使教材话语变为简洁、形象、生动、丰富的教学话语，使学生在教师深入浅出的讲解中理解教材内容。

教师要结合学情妥当转化。教材话语体系转化并没有统一的模式，其要求就是在准确把握教材核心要义的基础上，教师根据学生的认知水平与已有经验，用学生能理解、易接受、感兴趣的话语，来表达教材的思想内容，从而使教材理念内化于学生内心，避免落于死记硬背的误区，切实增强思想政治课教学的实效性。思想政治课程的一个突出特点就是内容紧密联系实际生活，涉及国家政治、经济、文化、社会、生态文明建设的内容，都可以在政治课堂中找到相关的阐释。也正是因为如此，要建构起思想政治课程与实际生活的联系，让

课程内容立体化、情境化、鲜活化，实现"学习内容活动化、活动设计内容化"，教师需要根据教材内容，结合社会实际与学生情况创设情境，用生活化的事例与平实的语言阐述教材内容，让学生在关注社会发展、开展个人实践、理论联系实际中感受思想政治课程的价值，增强学习思想政治课程的兴趣。

三、如何提高应对能力

1. 广泛收集资料

新教材带给每位老师的重大挑战之一就是资源的匮乏，这难免会影响教学效果。为此，要利用网络广泛收集与教学相关的素材、课件、例题、学案等，实现组内互通，资源共享，为打造高效课堂奠定基础。在具体操作层面要注意以下内容：

第一，阅读经典文献，在学原著、悟原理中提升自身理论水平。可以重点阅读《习近平谈治国理政》第一卷和第二卷、《习近平新时代中国特色社会主义思想三十讲》《习近平新时代中国特色社会主义思想学习纲要》《党的十九大报告辅导读本》《党的十九大报告学习辅导百问》等书籍，深刻理解本课内容的理论基础，在理解原理的基础上为学生讲好教材内容。

第二，要注意积累和整理来自央视、新华网、人民日报等主流媒体的资源。

2. 认真研读教材

做好教材分析，用好、用足教参。统编普通高中思想政治教材，思想内容丰富，呈现方式多样，是高度系统化、结构化的文本，其基本脉络、逻辑线索和层次关系，都需要深入钻研和思考才能透彻理解和清晰把握。只有教师先看清楚、读明白，才能给学生讲清楚、讲明白。在具体操作层面应注意以下几点：一要注意借助教师用书加强对教材的分析；二要注意避免对基本原理、基本观点理解的疏漏；三要注意避免用临时找到的素材随意替换教材辅助文。

3. 加强团队合作，促进资源共享

课程标准要求"采取多种形式，加强课程资源建设"，以利于为学生学习和教师教学的有效实施创造有利条件。优质课程必然需要优质资源的支撑，优质资源需要团队合作开发和积聚。要经常性的听课、评课、议课，取长补短，提高整体教育教学水平。

4. 规范学科训练

精准、规范、合理的课外训练是提高学生成绩的关键一环。目前，提供给我们的有《高中教材同步练习》，备课组力争做到所有习题均参照新教材做严格筛选，题目题型涵盖基础题、易错题、同类题，确保题量适中、题型全面、时效性强，让学生的练习事半功倍。

用好统编版《思想政治》教材还在路上，只要思想政治课教师信仰、信念、信心不变，就会愈教愈好，思想政治课教学永远充满着生机活力。

高中政治的主要内容和学习方法

　　普通高中《思想政治》全套教材共7册，其中必修教材分《中国特色社会主义》《经济与社会》《政治与法治》《哲学与文化》4册，选择性必修教材有3本，分别为高中思想政治选择性必修1《当代国际政治与经济》、高中思想政治选择性必修2《法律与生活》、高中思想政治选择性必修3《逻辑与思维》。

一、学好高中政治的策略和方法

（一）注重学习环节

1. 预习

　　预习是无师自通的桥梁，是思维习惯形成的助推器。它能够增加上课的目的性，提高时效性；还能培养自学能力，形成自主学习、自主发展的能力，可分为课前预习和阶段性预习、粗预习和精预习。搞好预习首先要做好笔记。预习时应该在书上做出眉批，在笔记本上列出提纲和写出听课要注意的问题，养成不动笔墨不读书的好习惯。其次要用一些常用符号（如△、☆、*等）来提示自己，以达到在学习和复习中提醒自己注意，便于向老师提问或者避免遗漏知识和犯同样的错误。再次要勤思善想，也就是发现问题。预习的关键要善于"想"，即发现和提出问题，如新旧课之间有什么关系、和过去的什么知识类似、能阐释哪些热点问题等，在这一过程中有利于培养同学们的思维品质。最后要"持之以恒"。搞好预习还必须有决心、恒心、自信心。要把"课前预习"这个起始阶段搞得深入、扎实，使之在整个学习过程的良性循环中起到基础性的作用。当然，学习不是一蹴而就的，还需要坚持一定时期才能见到效果。

2. 上课

上好课是学习的重要阶段，是提高成绩和培养能力的途径。上课的关键是专心。"心"专在哪里？一般来说专在看（书、黑板、屏幕），听（老师讲解和同学们发言），积极参与（积极动脑与老师形成零距离互动、将你预习时确定的听课重点与老师的讲解结合起来）。

"看、听、参与"等形式有所不同，但共同的东西就是都必须动脑，这是贯穿整个上课全过程中的一条主线，也是衡量专不专心的唯一标志。主动思考要求：①注意知识的积累；②增加感性材料的储备；③学会一些思维方法（如分析、综合、比较、抽象、具体化等）；④将自己置身于教学情景之中。

3. 复习

学习具有实践性、个体性、反复性的特点，反复性以及爱宾浩斯遗忘曲线要求学习过程应该及时复习。及时复习可以使知识的漏洞得到及时弥补，使对知识的理解得到升华，实现对知识的再认识、再提高，特别是使思维的深刻性得以发展。

复习包括及时复习、阶段复习、总复习。进行及时复习，应着重抓好以下个环节。

（1）忆。回忆学习了哪些知识，如本课的重点是什么、教师是如何分析和解决知识的、教学内容的知识网络图等等，要达到在大脑中像放电影一样能把它再现出来。

（2）读。读书、读笔记并同回忆进行对照，这样不仅加深了记忆而且保证了知识的完整性和系统性。

3. 思。把新知识进行归纳形成一个小系统，让知识各就各位，然后纳入到所学知识的大系统中，形成一个知识网络或知识坐标。复习的这几个环节是统一不可分割的，学习中要把它们有机的结合起来，具体问题具体分析，灵活运用。不可孤立强调一个方面，否则就达不到好的效果。

当然，要想学好高中思想政治课，除了掌握上述一般方法以外，最重要的一点还要养成好的学习习惯。培根说："习惯真是一种顽强而巨大的力量，它可以主宰人的一生。因此，人从幼年起就应该通过教育培养一种良好的习惯。"如果你渴望获得较好的学习成绩，就应该养成良好的学习习惯。

（二）养成良好的学习习惯

有一位心理家说过："习惯是一个人的道德资本。一个好的习惯是一个人享受不尽的利息；一个坏的习惯是一个人一生偿还不完的债务。"对于我们而言，我们学习高中政治课需要"利息"，而不要"债务"。

领悟马克思主义的立场、观点、方法是一个"慢功"，不可能一蹴而就，这就需要我们在平时养成好的学习习惯，平时每一步走踏实了，功夫就到家了。具体地讲，不同学习阶段有不同的学习任务和学习特点，因而应当有不同的学习习惯和不同的学习方法。

1. 听课习惯

听，就是认真听老师的讲解分析，听同学的发言、争论、辩论、质疑等。

读，包括粗读和精读，粗读是快速把握课文结构、分析思路，找出理论论据和事实论据。精读是细读重点段落，把握其中的标点符号、关联词、关键词等，画层次，找中心；把握原理的论述方式、论证方法，是归纳还是演绎，是怎么分析的，又是怎么综合的。

想，即思考。在听、读的过程中，认真思考，并有意识地联想。

记，即用好"必记本"和"错题本"。记老师、同学讲的，记对自己有用的东西，记受他人启发而产生的思想火花，记自己学习过程存在的问题。

讲，就是积极发言、质疑。

如果平时每一节课都这么做了，政治学科的能力和素质就得到了有效的培养和提高。这比课堂利用不充分，课外去大量做题的效果要好得多。从这个意义上说，只要有心、有情感，不需要花太多的时间就能把政治课学好、考好。

2. 理论联系实际的习惯

在平时的学习、生活中，要有"用"的意识和习惯，看到身边的经济现象、政治现象、社会现象、人际人事关系，要有意识地自觉地用经济学、政治学、哲学的思想和方法去观察和思考。久而久之，你就会养成习惯，有了这个习惯，你在高考复习中就会受益，你终身都将受益无穷。

3. 科学的训练习惯

有些同学平时做作业和测验抱有无所谓的态度，漫不经心，思考不深，可能做得很好，也可能做得很不好，但他个人都觉得无所谓，因为那不是自己的真实水平。但到了大的考试，如期中、期末考试乃至高考时，他很当回事，全身心投入，思考过多、过细，往往把问题想复杂了，自然做错得多，或者反复思考后把第一遍做对的又改错了，分数不高。究其原因，还是平时没有养成严谨、认真的习惯和考试态度、考试风格。

应当把平时当考时，把考试当平时，熟题生做，生题熟做，训练良好的思维品质和良好的心理素质。也就是说，平时练习和测验，要把它当作大考，认真严肃，心情适度紧张；大考或高考时，把它当作平时的测验或期中、期末考试，心情不要太紧张，调整到适度紧张的程度，遇到难题把它当作熟题来看待，别怕；遇到熟题，别掉以轻心、粗心大意。心理学家说："考试时心情适度紧张，大脑细胞处于最佳活动状态，最有利于我们发挥出最高水平。"

考场上的大家风范不是一日之功能培养起来的，需要平时用心训练才能积累、形成。

4. 归纳总结及构建知识树的习惯

平时注意归纳整理知识网络，组织知识专题，总结思维方法和解题技巧，发现思维规律和解题规律。更重要的是将教材知识内化为自己的思想，并恰当地呈现出来，这恰恰是高考命题人特别看重的。

5. 制订学习计划的习惯

在老师的大计划下有自己的小计划、小安排，独立自主学习的能力要强，能根据每个阶段学习情况进行调整，做到每个阶段的学习很充实，学习成绩整体推进。

6. 积累课外知识的习惯

"题在书外，理在书中""巧妇难为无米之炊""根深才能叶茂"，这些话都说明了掌握丰富的时政知识和课外知识的重要性。

7. 持之以恒地激发自己的学习兴趣

经常使自己保持良好的学习兴趣和高昂的学习斗志。此外，在掌握概念和原理的时候，给大家提以下几点建议。

有些同学说，老师上课讲到的概念和原理虽然听懂了，笔记也记了，但总是记不住。概念和原理是对同类事物本质和规律的概括和总结，具有较强的抽象性，记忆起来有一定的难度。如果只靠死记硬背，不仅记起来困难，而且只能形成短时记忆，不能形成长久记忆。大家知道学习知识懂是基础，记是手段，用是目的。在真正弄懂的基础上要想牢固掌握概念和原理必须做到以下4点。

（1）运用记忆技巧。例如，将关键词提炼出来着重记忆，最后将其他词汇补充完整，形成完整记忆。如价值规律的三个作用的关键词是：调节……分配、刺激……提高、促使……分化。

又如联想记忆，可做好知识的迁移。知识是有连带性的，很多时候，我们学习的新知识是对以往所学知识的新视角、新层面的认识，这时我们不必重新记忆，只需在原有知识的基础上加以补充、加工即可，如市场、市场经济的作用。

再如协同记忆，多种感官联动，如耳听、眼看、手写、口念，效果会好些。

记忆的方法很多，大家在学习过程中要善于发现和总结适合自己的记忆方式方法。

（2）要做到及时复习和定时复习。遗忘是一种正常的生理现象，时间与遗忘的数量成正比，因此对待遗忘最好的良药就是及时复习，趁热打铁；定时复习，巩固记忆；经过多次复习后，知识即可成为长久记忆。

（3）多思多用，熟能生巧。常说常用，随时随地运用我们所学知识说明日常生活的人和事。如用价值规律说明钢材价格的升降。改变学习形式可以使学习更有效率，而且语言要规范、运用政治术语要准确。

（4）正确区分相近或相似的知识点。第一，要仔细比较这些知识点的异同，找出它们相同和相异的原因，在真正理解知识的基础上把它们放在一起掌握。第二，找出区分的关键词，整理出比较表，使异同一目了然。第三，把这些知识点放在特定的环境中去体会，如在日常生活中用的都是价格，只有研究价格的背后的问题时我们才用价值。总之，要比较异同，整理异同。

二、高中政治教材的重点学习内容

1. 习近平新时代中国特色社会主义思想整套教材采取集中讲述和各册融入方式，系统讲述习近平新时代中国特色社会主义思想的历史地位和丰富内涵

必修1第四课专题讲述中国特色社会主义进入新时代、"八个明确""十四个坚持"、新时代中国特色社会主义发展的战略安排等内容。后续6册教材从经济、政治、法治、科技、文化、教育、民生、民族、宗教、社会、生态文明、国家安全、国防和军队、"一国两制"和祖国统一、统一战线、外交、党的建设等各方面，进一步阐述习近平新时代中国特色社会主义思想。教材重在引导学生系统、深入掌握习近平新时代中国特色社会主义思想。

必修1：中国特色社会主义着眼于人类社会的发展历程，立足于中国特色社会主义的伟大实践，明确中国特色社会主义是科学社会主义理论逻辑和中国社会发展历史逻辑的辩证统一，中国特色社会主义已进入新时代，帮助学生树立为共产主义远大理想和中国特色社会主义共同理想而奋斗的信念。

必修2：经济与社会，依据习近平新时代中国特色社会主义经济思想的基本原理，讲述我国社会主义基本经济制度，解析社会主义市场经济的基本特征，阐释指导我国经济社会发展的新理念，帮助学生理解全面深化改革的意义，提升在新时代参与社会主义现代化建设的能力。

必修3：政治与法治，以党的领导、人民当家作主、依法治国有机统一为主线，讲述党的领导是人民当家作主和依法治国的根本保证，人民当家作主是社会主义民主政治的本质特征，依法治国是党领导人民治理国家的基本方式，奠定学生政治立场与法治思维的基础。

选择性必修1：当代国际政治与经济围绕当今世界多极化与经济全球化趋势，解析不同的国家性质和国家形式，说明国际关系的主要影响因素和世界经济发展的基本特点，介绍国际组织的主要类型及其作用，引导学生在拓展国际视野的过程中坚持总体国家安全观，坚定不移地走中国特色社会主义道路，积极贡献中国智慧和力量，推动构建人类命运共同体。

述评模块框架分析：

模块1讲基本原则。以中国特色社会主义的选择为主题，以社会形态的历史演进为主线，以树立理想信念为主旨。

模块2讲经济建设。以发展中国特色社会主义经济为主题，以经济体制改革为主线，以树立新发展理念为主旨。

模块3讲政治建设。以发展中国特色社会主义政治为主题，以三者统一为主线，以坚定政治立场和方向为主旨。

模块4讲哲学基础。以马克思主义哲学为主题，以实践的、历史的、辩证的、发展的四大观点为主线，以树立三观为主旨。

如果，前三个模块是以道路、理论、制度自信为主，那么第四模块则以理论自信、文化自信为主要目标。

2. 法治教育

必修3《政治与法治》着重讲述全面推进依法治国的总目标是建设中国特色社会主义法治体系，建设社会主义法治国家，阐明建设法治国家、法治政府、法治社会的意义。

选择性必修2《法律与生活》介绍与学生日常生活和个人发展密切关联的民法总则，以及合同法、婚姻法、劳动法、诉讼法等与婚姻家庭、就业创业、社会争议解决等相关的法律法规，讲述我国民法的基本原则和民事权利与义务，培养学生正确的婚姻家庭观念，引导学生提高自觉用法能力，依法维护自己的合法权益，懂得人民权益要靠法律保障，法律权威要靠人民维护，努力成为社会主义法治的忠实崇尚者、自觉遵守者、坚定捍卫者。

3. 总体国家安全观教育

总体国家安全观包括政治安全、国土安全、军事安全、经济安全、文化安全、生态安全等诸多方面。整套教材对学生进行马克思主义基本原理、习近平新时代中国特色社会主义思想教育，培养政治认同、科学精神、文化自信等，整体强化总体国家安全观教育。选择性必修1设计综合探究"国家安全与核心利益"，通过阐释"坚定制度自信""政治制度不能照搬"等议题，讲述总体国家安全观的内容、表现、意义，重点阐述国家政治制度安全，培养学生总体国家安全观意识。

4. 中华优秀传统文化和革命传统教育

整套教材采取系统阐述、重点突出、形式多样的方式讲述中华优秀传统文化。必修4第八课系统讲述中华传统文化的起源、基本内容、发展历程、特点、当代价值等，重点介绍了中华优秀传统文化中的代表人物、核心观点、重要思想等，采取名人名言、经典故事等形式，引导学生打好中国底色，坚定文化自信。整套教材采取融入渗透方式，讲述革命英雄人物的名言、事迹。例如，介绍毛泽东、周恩来等革命领袖，李大钊、董必武、刘胡兰、董存瑞等革命英雄人物及其革命事迹。必修4集中阐述革命文化，讲述中国共产党团结带领全国各族人民创造的革命精神，如红船精神、长征精神、延安精神、雷锋精神等，引导学生在阅读、思考中，感悟和理解成千上万的革命先烈、革命前辈前仆后继、英勇奋斗的英雄业绩和革命精神，坚定理想信念，培养爱国主义情怀，养成艰苦奋斗等高尚品质。

5. 辩证唯物主义和历史唯物主义的世界观、方法论教育

必修4哲学与文化阐明马克思主义哲学是科学的世界观和方法论，

讲述辩证唯物主义和历史唯物主义基本观点，坚持实践的观点、历史的观点、辩证的观点、发展的观点，在实践中认识真理、检验真理、发展真理；讲述社会生活及个人成长中价值判断、行为选择和文化自信的意义；为培育学生思想政治素养，奠定世界观、人生观和价值观基础。

模块3逻辑与思维通过科学思维的训练，引导学生掌握科学思维的基本要求，把握遵循逻辑思维和辩证思维的方法，提高创新思维能力，学会运用科学思维探索世界、认识世界，提高分析问题、解决问题的能力。

2020年高考文综政治学科全国II卷试卷评析
——长春电台约会班主任节目约稿

一、试题分析

2020年高考政治试题坚持以立德树人为核心，着重发挥政治学科育人功能，围绕重大时代主题，考查学科主干知识，体现高考内容改革要求；以高考评价体系为引领，突出关键能力，优化考查方式。试题承续往年高考命题风格，注重体现政治学科特点，在考查内容、试题呈现方式等方面保持基本稳定，从能力要求、考试内容、考试结构到赋分比例，没有产生明显的变化。总体难度较去年低，特别是主观题第39题。

（一）发挥政治学科在立德树人中的重要作用

1. 引导学生坚定理想信念

文科综合全国II卷第40题展示了四位青年助力脱贫攻坚的事迹，引导学生学习青年楷模心系国家、坚定理想信念、勇于创新的精神，促使学生苦学本领，投身时代洪流，成为担当民族复兴大任的时代新人。

2. 引导学生坚定"四个自信"

试题从社会生活各领域精心选材，充分展现中国特色社会主义发展取得的巨大成就，第39题以民法典通过的过程为素材，将全国人大和人民政协与国家治理体系的知识相联系，要求学生思考两会彰显的我国社会主义民主政治的优势，进而理解我国的根本政治制度，以此引导学生增强制度自信。

坚定中国特色社会主义道路自信、理论自信、制度自信，说到底是要坚定文化自信。第20题以"中医药学是中华民族的伟大创造"为题材，引导学生理解中华优秀传统文化的传承与创新发展，从而增强文化自信。

3. 培育学生法治意识

依法治国是坚持和发展中国特色社会主义的本质要求和重要保障，是实现国家治理体系和治理能力现代化的必然要求。全面推进依法治国方略，要求全面提高我国国民法治素质。

文科综合全国Ⅱ卷第39题结合全国人大和政协对民法典的通过为素材，既考查学生对我国的民主制度优势的认识，又进一步明确了全面推进依法治国的重要性。

（二）围绕重大时代主题考查学科主干知识

1. 聚焦脱贫攻坚战

2020年是全面建成小康社会关键年，试题聚焦决胜脱贫攻坚战，多维度展开。第17题的考查和第40题的考查，分别使学生明确党的领导和社会参与在脱贫攻坚工作中所发挥的作用，既考查了党的领导、创新意识、青年担当等政治、哲学、文化主干知识，又使学生更好地、更全面地理解脱贫攻坚工作。

2. 聚焦新发展理念

15题考查自贸区设置的意义，引导学生认同开放理念；20题以黄河流域生态保护要尊重规律为素材，引导学生关注生态环境保护，树立绿色发展理念；40题通过介绍四位青年创造性地开展脱贫攻坚，引导学生树立创新理念和协调发展的理念。

3. 聚焦"六稳六保"

2020年伊始，我国经济形势发生了重大变化，经济平稳健康发展面对一系列新挑战和新风险。鉴此，中央及时做出新的安排，在扎实做好"六稳"的基础上，提出了"六保"的新任务，形成了"六稳"加"六保"的工作框架。38题让学生分析保居民就业对稳定经济发展的传导路径，既回应了现实问题，又考查了学生经济学分析的基本知识和能力。

（三）创设情境，突出关键能力，聚焦学科素养

学科素养反映核心价值，是以情境为载体对必备知识和关键能力的综合运用。2020年高考政治命题聚焦政治学科素养，扩展素材选取范围，突出试题的情境化设计，落实综合性、创新性考查要求，引导考生勇于探索、大胆创新。

1.从情境素材的选择和创设看，试题具有以下几个鲜明的特点：第一，情境类型丰富多样。试题既从我国政治、经济、文化、社会、生态文明建设等中国特色社会主义的各个领域选取命题素材，又选取了习近平总书记的经典论断作为命题素材；既关注紧贴时代热点的宏大叙事，如打赢脱贫攻坚战、"六稳六保"、民法典的制定，又关注日常生活中的热点现象，如运动鞋价格、列车票价调整。情境的广泛多样能够保证学科素养测试的全面性。第二，情境真实而典型。情境的真实性和典型性保证了测试的是真实的、核心的素养。试卷的情境素材基本上均直接来自于真实生活的典型材料。第三，情境复杂程度的分布结构合理。试题的情境复杂程度梯次有序、搭配合理，选择题以简单情境为主，非选择题的情境则相对比较复杂，最后一道大题均属于典型的复杂情境。这种搭配可以保证整套试题具有良好的区分度。

2.聚焦问题解决，强调理论联系实际

2020年高考思想政治试题从社会生产生活中选取现实案例，引导学生运用所学知识分析事件起因、传导路径或提出解决方案，考查学生理论联系实际以及分析问题和解决问题的能力。

选择题和主观题基于所学知识深刻理解国家战略、关注经济现象、思考应对策略，引导学生学以致用。试题既贴近社会现实，又富有学科内涵，旨在考查学生在特定情境下分析问题、解决问题的能力和学科核心素养。

二、学习建议

2020年高考思想政治试题向社会释放了考主干、考能力、考素养，重思维、重应用、重创新的取向，引导中学教学从死记硬背、超纲学习、反复刷题、过度辅导中解放出来，让学生不仅有智商更要有情商，从而发挥好高考对素质教育的促进作用，助力学生全面而有个性的发展。据此给新高三的同学们提出以下几方面的学习建议。

1. 夯实基础知识，尤其是核心考点知识。在备考过程中，对于各模块的基础知识要扎扎实实地理解，落实到位，尤其对于33个核心考点，更要深入挖掘，规范学习，由点成线，由线及面，形成既各自独立又相映成辉的知识体系。

2. 注重思维品质的提升，培养关键能力。思维的培养在备考中特别重要。在复习过程中，少给学生现成的参考答案，多给学生参与课堂的机会，培养学生的批判性思维和科学精神，让他们拓宽自己的思维视野，生成各种结论，整合答案，把非专业语言转换或"翻译"成专业语言，能运用本学科孕育出来的思维方式观察和描述世界，分析和解决问题。

3. 把握新时代、新理念，注重价值引领。备考时，关注党和国家的重大方针政策，关注新发展理念，关注社会主义核心价值观的具体要求，注重价值引领，并把它落实到具体的考点之中，比如哲学生活中的意识的作用、真理的力量、社会意识的价值、价值观的导向作用、正确的价值判断与选择的标准等等，比如文化生活中文化的价值、传统文化的传承与创新、民族精神等等。

4. 创新课堂议题，大背景小切入多训练。高考试题往往是大背景小切入，考前押题不可取，重要的是在平时的教学过程中多为学生创设良好的情境，在设计课堂议题上多下功夫，创新思维方式，设置有正能量、有价值、小切口的议题，让学生在思维碰撞中运用知识，提升能力，厚植爱国主义情怀。同时精选试题训练，在对的时间做适合的题，为新课学习打基础，要侧重基础训练；单元复习侧重整合与提升，可以做一些中上等难度的试题；期中、期末复习侧重查漏补缺与系统梳理，可选择做一些最新模拟试题和综合试题；高考复习要侧重实战演练，必须多做高考真题。

5. 探求考题设问规律，提高复习精准性。高考文综政治试题的命题是有一定规律可循的。在全面夯实基础知识、提高基本技能的基础上，不断探寻命题角度与规律对于重点把握学科知识，提高考生答题精准度是大有裨益的。比如，一般情况下，考查党、政府、政协等做法的时候，考的是意义；考查新理念下的企业的时候，多半考的是怎么办……全面准备，重点发力，可能会产生事半功倍的效果。

凡事预则立，不预则废。愿我们大家共同努力，坚定理想信念，培养学生的核心素养，培育能担当民族复兴大任的时代新人。

2021年高考政治试题分析和2022年高考复习备考建议

——长春电台约会班主任节目约稿

2021年新课标全国乙卷政治试题，以习近平新时代中国特色社会主义思想为指导，彰显国家意志，坚持把立德树人作为根本任务，以"一核四层四翼"高考评价体系为引领，按照促进学生全面发展要求丰富考查内容，推动考查形式创新，更好地发挥了高考育人功能。试题注重强化对基础教育的正面导向作用，引导学生奠定支撑终身发展的坚实思想政治素质基础，促进学生德、智、体、美、劳全面发展。

一、2021年高考文综全国乙卷中政治试题总体评价

（一）铸魂育人

试题贯彻注重能力考查、体现课改理念、力求平稳推进的指导思想。试题整体难度较去年有所提升，选材立足时代，直击重大时政热点，依托新情境、新材料，引导学生关注社会，培养社会责任感和主人翁精神；突出考查了教材知识和考纲要求的获取和解读信息的能力、调动和运用知识的能力、描述和阐释事物的能力、论证和探究问题的能力，反映了课程改革和新高考的趋势。

中国共产党的百年历史是思想政治教育的生动教科书。第40题以毛泽东同志提出"两个务必"重要思想和关于进京"赶考"的谈话为历史背景，综合考查考生运用唯物史观和文化作用的知识思考分析

重大理论和现实问题的能力和水平，引导考生从百年党史中正确认识我们党始终保持先进性和纯洁性的密码，深刻领悟"中国共产党为什么能"的基本道理，增强对党的领导的政治认同、思想认同、理论认同、情感认同。

在当前世界百年未有之大变局加速演变、国际环境不稳定性不确定性明显上升的大背景下，我国统筹推进国内法治和涉外法治，围绕反制裁、反干涉等采取了一系列涉外立法措施。第39题以此为素材，引导考生分析加快推进涉外领域立法工作在更好维护国家主权、安全、发展利益，保护中国企业、其他组织或者个人的合法权益等方面的重要作用，同时看清滥用"长臂管辖"等霸权行径的实质危害，坚持反对以强凌弱，维护公平、自由的国际经贸秩序，进而树立法治观念，提高参与社会主义法治建设的自觉性主动性。

（二）稳字当头

1. 试题结构稳定，例如选择题12—15题为经济题，16—18题为政治题，19—20题为文化题，21—23题为哲学题；主观题是三题五问，由38题经济、39题政治以及40题哲学和文化及开放型试题构成，整体试卷呈现出熟悉感和亲切感。

2. 突出考查必备核心知识和常见题型。例如，38题考查企业新发展模式的动因，39题考查立法相关知识，40题考查历史唯物主义和文化对人的作用；考查的题型有关系论证类、原因类、分析说明类等，都是备考必练题型，学生只要沉着冷静、思维缜密、认真作答，都可以得到基础分。

（三）略有变化

试题没有出现曲线题这一近几年高考的热门题型；推导类试题也仅通过第12题不明显的出现；选择题19和20题都是学科内不同教材知识板块跨度试题；选择题14题考查了图表题；23题出现了没有考过的

漫画题型；18题考察了近些年没有涉及的宗教内容；38题设问语言新颖，动因一词很少使用。

（四）难易适中

难易程度和比例分布大体适当，试题科学合理，公平规范，能力考查目标清晰，难度适当。没有偏、难、怪题，利于学生正常发挥，真正凸显"一体四层四翼"考试评价体系，落实立德树人的任务要求。

二、2021—2022学年备考建议

（一）以中国高考评价体系为指导，研以致用

1. 重视研读中国高考评价体系，领会"一核四层四翼"精神实质。高考评价体系明确了为什么培养人、培养什么人、如何培养人。通过不断研读该评价体系，有助于把握高考政治复习备考方向。

2. 深入研究历年高考真题。研究题型、文字表述、情景创设、答题思路，做好反思、感悟，从而把握高考命题和解题思路，尤其要重视培养学生对材料信息的解读、归纳和逻辑论证能力，深入提炼出关键词（学科语言、时政语言或者生活经验积累）、关键信息点，掌握表述方法。每年高考都有部分试题似曾相识，如2021年考查的社会存在和社会意识、文化的作用、企业的生产和经营等，在以往试题中均有所体现。

3. 坚持问题导向，引导学生建构知识体系。要立足学情，因材施教，因问施教，解决学生知识运用的困惑。要将知识问题化，问题生活化，以点带线成面，建构起知识体系。注重必备知识的复习，提高对知识的理解能力，对于基本概念、基本观点、基本原理做到理解透彻、明理会用；线要练好，条条清晰；面要织全，精梳细琢；最终做

到想一点、连一线、带一面，随时调用知识。

4. 重视时政信息的搜集、整理。当今高考是开放的高考，死记硬背很难得高分，重视时政学习既能开阔学生视野，又能锻炼学生的综合审题、答题能力并积累一定的时政语言，提升学科素养。近年来，特别是重大理论、政策、方针或事件的原因、措施、意义的相关时政语言描述，有些直接出现在选项中或主观题答案中，要引导学生多关注时政热词、专业术语、新概念、新名词，做好知识储备，开拓视野，学以致用。

（二）狠抓落实，提升学生思想政治学科素养

1. 要落实教学常规工作，把功夫下在平时。要做好备课、上课、教研、作业、辅导、命题、考试等工作。要注重课堂思维训练，培养逻辑思维能力。

2. 加强学生定时训练，提升高阶思维能力。习题题型要全面，难度要适中，平时完备的题型训练可以让学生在考试时从容应对，增强考试信心。要求学生在平时训练中规范审题习惯，培养学生勾画圈析的操作性程序，程序虽不能帮助思考，但能在短时间内降低信息处理的失误率；重点培养学生慢审题快作答的好习惯，帮助学生从点滴积累中树立做题的信心；训练规范答题习惯，按照卷面整洁、字体工整、条理清晰作答，避免因非智力因素失分。训练后留时间给学生进行深度总结，反思感悟并要形成文字，强化学生科学的解题思维。

3. 重视做题技能培养，探索解题规律。选择题要审查选项与设问、材料的契合度；组合选项一定要先整体后局部，不要过度演绎；针对学生经常呈现的解题误区，设置小专题，以微练习形式突破重点、难点和易错易混点，专题突破薄弱领域，集中训练、集中讲解、注重联系，强化能力。主观题是政治学科失分大本营，要引导学生概括总结常用答题技巧，比如主观题的设问剖析法、材料分层归纳法。

要求学生摒弃不良解题习惯，比如凭感觉做题、不会对材料进行精读精分，不会划定关键信息。

4. 要注重课堂思维训练，提升思维品质，培养学生关键能力。知识点总结、方法技能指导要放在平时训练中，而不是备考的最后阶段集中突击。教师可探索灵活多样的复习课，善于利用课堂契机，也可开辟思维训练课，培养学生读题、审题意识，指导学生掌握各类试题的判读步骤和技巧，引导学生课堂深度思考、深层挖掘教材隐性信息。

5. 加强平时的阅卷规范化训练，对标高考阅卷标准。平时训练要求学生掌握理论要点要精准，材料解析要精准，高考阅卷原则是要么得分要么不得分。任何一点不准确将会导致该得的分值全部失去。

6. 回归课本、回归基础。高考反押题功能比较强，学生要想考出好成绩，还要跳出题海，通过训练深化对教材的理解和应用。因此，在复习备考中，要结合讲练，引导学生常看课本，随时发现问题，及时解决问题，做到温故知新，查漏补缺，深化理解，提炼总结，灵活运用，提高备考效益。

7. 每轮复习中，都要注重将时政材料渗透到知识复习、能力培养过程中，关注新情境、新材料，贯彻理论联系实际原则，做到学以致用。

核心素养培育目标下的学科教学设计优化表

课题	第二课第二框唯物主义和唯心主义	授课人	张翠
学段学科年级	高二年级	所在学校	东北师大附中

核心素养背景下的教学分析	教材分析：本框是第一单元第二课第二框，主要学习唯物主义的含义及其三种形态、唯心主义的含义及其两种形态等基础知识。承接前一框哲学基本问题的第一方面的知识，本框主要介绍唯物主义的三种基本形态和唯心主义的两种基本形态，有助于学生加深理解唯物主义和唯心主义的相关知识，坚定用辩证唯物主义的基本立场观点来指导日常生活实践。
	学情分析：高二的学生已经掌握了一定的高中政治学习方法，经过对前面哲学入门知识的学习，学生对哲学知识已经有了一个初步的了解。但是，相对初学者来说，哲学这门学科的概念、知识仍然较为抽象、深奥。为此，在处理教材方面，必须紧密结合生活实际，创设符合学生认知规律的学习情景，化抽象为具体。

教学目标	知识目标：什么是唯物主义、什么是唯心主义；理解哲学基本问题第一方面的内容是划分唯物主义和唯心主义的唯一标准；如何区分唯物主义的三种基本形态和唯心主义的两种基本形态。 能力目标：初步具有自觉运用唯物主义理论知识，分析和把握社会生活现象的能力。 情感、态度与价值观目标：在实践中坚持辩证唯物主义观点，自觉反对和批判唯心主义。

教学重难点及突破策略	重点：唯物主义和唯心主义的根本分歧。 难点：区分主观唯心主义和客观唯心主义。 1. 运用多媒体教学，展示多种图例。 2. 讨论分析法，让学生合作、交流，分析材料，总结知识点。 3. 讲解法，对于理论性较强的知识点，由教师讲解。

教学过程	『导入新课』 首先我们来回顾一下：哲学的基本问题是什么？它为什么是基本问题？ 我们现在学的哲学内容，开始层层递进了。从这学期开始上课时接触的"哲学是一门怎样的学科"，到上节课我们学习的"哲学的基本问题"，在这个过程中，我们慢慢地走进"哲学"这座大厦的一楼大厅。现在我们就站在这个大厅里，与它相通的是两个楼梯口。一个通往这个实在的世界，一个通往人类的意识。你们此刻要做的是一个选择，究竟想去哪里转转。 『新课教学』 一、唯物主义 在这个楼梯口旁贴着一段文字。（书11页的探究活动） 某位学者问一位民工："你是做什么的？家在哪里？追求什么？" 民工："打工，家在深山里，追求富裕。你追求什么？" 学者："我追求精神的满足，是唯心主义者；你追求物质的满足，是唯物主义者。" 我们来看看，根据我们上节课所讲的内容分析一下，唯物主义与唯心主义的区分标准是什么？唯物主义与唯心主义能这样区分吗？我们应当怎样区分二者呢？ 谁决定谁。如果认为世界的本原是物质，物质决定意识，那这便是唯物主义的观点。 我们现在学的必修四，主要是哪种哲学呢？——马克思主义哲学。现在问题出来了，是不是只有马克思的哲学才是真正的哲学呢？在马克思之前是不是就不存在哲学、哲学家了呢？如果存在，之前的哲学又称什么哲学呢？今天，我们要弄个究竟的就是唯物主义在人类的文明历史长河中到底经历了那些基本形态呢？现在我们就借用具体科学与哲学的关系，演绎唯物主义的发展状态。我们的线索是：实物—原子—放射物和电子。 我们很清楚，对于书本、桌椅、房子这些东西，一般人都会相信它们是客观存在的。因为我们天天接触、使用它们，这很容易证明它们的存在与人的感觉毫无关系。但是有些事物，比如地球是一个平面还是球体？是地球围绕太阳转，还是太阳围绕地球转？天上有没有神仙，地下有没有阎王？宇宙、地球、生命和人类是怎样产生的？这些问题，可就不那么容易回答了。 1. 古代有一种朴素唯物主义论，是古代人们对世界的一种比较正确的看法。 古希腊的泰勒斯，作为西方哲学思想的第一开创人，他首先摆脱了神创论的观点，提出并探讨了世界的本原问题。他认为水是万物的本原。接着，赫拉克利特又认为，万物的本原是火。

教学 过程	而在中国，则存在"五行"学说。这些古代的哲学家把哲学物质归结为某种或某几种具体形态，坚持了以"物"为本。但是这却把世界的复杂简单化。他们对世界观本原的认识只是一种可贵的猜测，由于当时科学发展的限制，不可能被科学证实。这便是哲学的第一个基本形态——古代朴素唯物主义。 （表） 2. 自然科学的发展经过了中世纪的冬眠后，在近代出现了新的繁荣景象，一大批科学家（哥白尼、伽利略、开普勒、牛顿等）以他们的实践和理论推进了科学的发展，从而把哲学向前推进了一大步。那么，这个推进的过程是怎样的呢？ 17世纪自然科学的发展揭示了自然界的各种事物是不同元素组成的，元素是组成化合物的基本单位，各种元素的分子又可以分解为原子。原子是当时科学所能达到的对物质结构的最深层次的认识，因而人们就认为原子就是构成物质最小的单位，原子的属性就是一切物质形态的不变的属性，各种元素的原子既不能分割，也不能转化。哲学家用这一理论来研究世界的本原，于是得出了物质就是原子，原子就是世界的本质的结论。这就是近代的形而上学唯物主义。形而上学唯物主义虽然肯定了世界的本原是物质，但却认为原子是不变的、不可分割的最小物质单位。这显然不能解释千变万化的物质世界，说明不了日新月异的科学发展。这种唯物主义形态必然会被另一种更科学的形态所代替。 （表） 3. 当19世纪末20世纪初自然科学得到更进一步的发展时，近代形而上学唯物主义的原子论开始站不住脚了，对它影响最深的是物理学领域的两大发现。 A. 放射性现象：具有放射性现象的元素在放射过程中，一种元素会转化为另一种元素，比如镭。在放射过程中，它会生成惰气体氦和氡。由此可见，原子是不是不变的？ B. 电子的发现：原子是不是最小的微粒呢？ 我们从这一发现来看，原子是不是不可变的、最小的物质单位？从上图我们可以看出，科学的发现显示电子是更微小的，而且电子可以随自身速度变化而变化。在这个时候，有些形而上学者无法解释这些现象，便做出了"原子非物质"之说，为唯心主义提供了反驳的缺口。从这里我们可以看出，近代形而上学唯物主义容易犯历史观上的唯心主义错误。

唯物主义形态	基本观点	局限性或优点
古代朴素唯物主义		

唯物主义形态	基本观点	局限性或优点
近代形而上学唯物主义		

	辩证唯物主义和历史唯物主义从发展中的科学中渐渐产生。它们秉承了唯物主义对于世界本原的方向的同时，系统地总结当时自然科学的新成果，批判了形形色色的唯心主义，全面地阐述了哲学的物质观，确立了辩证唯物主义的物质观。除了坚持物质是世界的本原外，辩证唯物主义物质观还认为意识对物质具有强大的主观能动性。辩证唯物主义的物质观正确地揭示了物质世界的基本规律，反映了社会历史发展的客观要求，反映了最广大人民群众的根本利益。辩证唯物主义的物质观是现时代的思想智慧，是无产阶级的科学的世界观和方法论，是我们认识世界和改造世界的伟大思想武器。

唯物主义形态	基本观点	局限性或优点
辩证和历史唯物主义		

学生小结：

唯物主义形态	基本观点	局限性或优点
古代朴素唯物主义		
近代形而上学唯物主义		
辩证和历史唯物主义		

二、唯心主义

以上我们了解了唯物主义的基本形态。我们走出唯物主义的楼梯口，去看看另一个楼梯里面的究竟。

我们先回顾一下，唯心主义是如何定义的呢？在处理物质与意识的关系中，认为意识是世界的本原，意识决定物质，我们就称为唯心主义。那么，唯心主义又有哪些基本形态呢？

我们先来看看前人对这个世界的看法：

1．物是观念的集合。

2．上帝支配着地球上的万事万物。

3．心外无物。

4．存在就是被感知。

5．我思故我在。

这五句话分别站在哪个角度去阐述对世界的看法的？它们分别体现了唯物主义的观点还是唯心主义的观点？

现在我们对这五句话进行分类，看看这些话是不是都是表述同样的一个内容。从主语来分析，第1、3、4、5都是围绕着"我"去阐述对世界的看法，而第2却是从上帝的角度出发，认为上帝主宰着世界上的万物。这两类有什么不同呢？

在唯心论中，唯心主义把意识视为世界的本原，但由于对意识有不同的理解，因而形成了两种基本的形态：主观唯心主义和客观唯心主义。

我们先来看看一组对话。（书12页的探究活动）

王守仁问弟子：什么是天地的心？

教学过程

113

弟子说：人是天地之心。

王守仁问：什么是人的心？

弟子说：只是一个灵明。

王守仁解释说：我的灵明便天地鬼神的主宰。天没有我的灵明，谁去仰他高？地没有我的灵明，谁去仰他的深？鬼神没有我的灵明，谁去仰他吉凶灾祥？

弟子问：天地鬼神万物，千古见在，何没了我的灵明，便俱无了？

王守仁说：今看死的人，他这些灵明游散了，他的天地万物尚在何处？

人的灵明和天地万物有什么关系？没有人的灵明就没有世界吗？王守仁的这种观点是属于什么观点的呢？——他将人的主观精神夸大为唯一的实在，当成第一性的东西，认为客观事物以至整个世界，都依赖于人的主观精神，是属于主观唯心主义的观点。

唯物主义形态	基本观点
主观唯心主义	

（比如：人有多大胆，地有多高产；没有做不到，只有想不到。）

而客观唯心主义则把客观精神（如上帝、理念、绝对精神等）看作世界的主宰和本原，认为显示的物质世界只是哲学客观精神的外化和表现，如认为上帝创造了万物。

填表：

唯物主义形态	基本观点
客观唯心主义	

我们再回头看看刚才所列举的前人对世界的看法：

1. 物是观念的集合。

2. 上帝支配着地球上的万事万物。

3. 心外无物。

4. 存在就是被感知。

5. 我思故我在。

哪些是属于主观唯心主义的观点，哪些是属于客观唯心主义的观点呢？

学生小结：

唯物主义形态	基本观点
主观唯心主义	
客观唯心主义	

三、辩证法与形而上学

刚才我们学习了哲学的两个主要派别。在哲学的发展历史上，除了唯物主义和唯心主义的斗争之外，还有辩证法与形而上学

（教学过程）

教学 过程	的对立，但它们是附属于唯物主义和唯心主义的。怎个附属呢？在自然界存在一种藤类的植物，它的生长必须要依附主干，以吸收所需的养分。离开了主干，它们就没法生存。如果我们将唯物主义与唯心主义定为树的话，辩证与形而上学就是那种寄生藤。我们可以用下面的关系来区分： 唯物主义 ⎰ 辩证的　　　　　唯心主义 ⎰ 辩证的 　　　　⎱ 形而上学的　　　　　　　　⎱ 形而上学的 　辩证法的观点是：联系的、发展的、全面的观点。 　形而上学的观点是：孤立的、静止的、片面的观点。 　对于这组关系，我们可以举一个例子来理解。比如，一位同学这次考试考了60分，大家如何去评价他呢？是不是就认为这位同学不好呢？ 　课堂小结：本课从哲学的基本问题入手，对哲学基本问题的不同回答形成了唯物主义和唯心主义观点；进而分析唯物主义及其三种基本形态，并对其全面看待，然后分析唯心主义及其两种基本形式，最后揭示在哲学发展史上辩证法与形而上学的分歧是从属于唯物主义和唯心主义这两大派别的。
教学 反思	1．本节课围绕唯物主义和唯心主义的根本分歧展开，进而学习了唯物主义的基本观点和三个基本形态以及唯心主义的基本观点和两个基本形态，在学习中要注意各种哲学学派的基本观点和代表人物，最好能分析和体会他们观点中的局限性。 2．由于本节课概念较多，通过列表格的方式归纳知识点，容易使人一目了然。 3．充分利用课本资源，对于书上名言警句、经典案例要让学生吃透、理解。 4．本课比较抽象难懂，学生还有些内容不能完全理解和掌握。

"实现中华民族伟大复兴"教学设计

一、教学目标

通过教学，使学生理解中国梦的本质，了解中国共产党的初心和使命以及"四个伟大"之间的逻辑关系，知道新时代中国特色社会主义发展的战略安排，明白实现中国梦的领导者是中国共产党，主体是中国人民。

在此过程中，使学生认识到每个人的梦想与"中国梦"紧密联系，认识到自身也是实现中华民族伟大复兴的推动者。

通过引导，学生能够运用唯物史观分析"中国梦"的主体是人民这一知识点，认识到自身与"中国梦"的联系，培养学生的科学精神和公共参与素养。

通过讲解中国共产党的初心和使命，学生能够运用辩证唯物主义理解习近平新时代中国特色社会主义发展的战略安排是科学的选择。

通过整节课的教学，学生能够在学习知识的同时升华自己的情感，培养政治认同素养。

二、教学重点难点

教学重点："中国梦"的本质与特点、中国共产党的初心与使命以及"四个伟大"之间的关系、新时代发展中国特色社会主义的战略安排、青年的责任担当。

教学难点：深入理解个人理想与"中国梦"的关系、"四个伟大"之间的逻辑关系。

三、教学方法

讲授法、讨论法、议题式教学。

四、教学过程

（一）新课导入

视频展示《中国青年》。

师："今日的青年是可以有梦的青年，今日的中国是可以追梦的时代。"同学们，作为有梦的中国青年，你们的梦想是什么？

生：略

师：青年有青年的梦，民族有民族的梦，国家有国家的梦。那么，我们中国的国家梦想是什么？怎样实现我们的中国梦？我们青年人在实现中国梦的过程中承担着怎样的责任和使命？带着这些问题，我们来一同探索我们中华民族伟大复兴的中国梦。

（二）新课讲授

【议题一】筑梦——心中有梦想

师：同学们，通过我们今天这一框题的标题，你对中国梦中的"复兴"二字是如何理解的？

师：在世界四大文明古国中，唯有中华文明有国、有史并传承到今天。中国历史上先后出现文景之治、开元盛世等辉煌灿烂的时期。自从1840年以后，西方列强的入侵和封建统治的腐朽，国家蒙难、人民蒙辱、文明蒙尘，使中华民族遭受了前所未有的苦难。从那时起，实现中华民族伟大复兴，就成为我们的梦想。（图片展示：PPT1文景之治、贞观之治、开元盛世、康乾盛世，PPT2鸦片战争、中日甲午战争、抗日战争、抗美援朝）

师：实现中华民族伟大复兴的中国梦，就是要再次使我们的国家成为历史上或者超越历史上兴盛时期的中国。实现中国梦意味着中国经济实力和综合国力、国际地位和影响力大幅提升；意味着中华民族以更加昂扬向上、文明开放的姿态屹立于世界民族之林；意味着中国人民过上更加幸福的生活。从本质上来讲，就是要实现国家富强、民族振兴、人民幸福。那么，实现中国梦的国家、民族、人民这三个层次各自是什么样的蓝图呢？

师：中国梦将国家富强、民族振兴、人民幸福作为最终的追求，将国家的追求、民族的向往、人民的期盼融为一体，这是中国梦最大的特点。

【探究活动一】

材料一：中国梦是中华民族的梦，也是每个中国人的梦。我们的方向就是让每个人获得发展自我和奉献社会的机会，共同享有人生出彩的机会，共同享有梦想成真的机会，保证人民平等参与、平等发展的权利，维护社会公平正义，使发展成果更多更公平惠及全体人民，朝着共同富裕方向稳步前进。

（1）阅读材料一，运用唯物史观知识，说明"中国梦是每个中国人的梦"。

师：人民群众是物质财富和精神财富的创造者，也是社会变革的决定力量。中国梦归根结底是人民的梦，归根结底是为了中国人民的幸福追求的梦，不仅源于人民而且为了人民，没有人民的支持和奋斗，中国梦就是空话。中国梦必须紧紧依靠人民来实现，必须不断为人民造福，人民是实现中国梦的主体力量。

师：我们每个人都是中华民族的一员，我们十四亿人的个人理想汇聚成了国家梦想。我们的个人理想和国家梦想并不冲突，追求国家梦想的时代背景为我们个人理想的实现提供了现实条件和可能，我们在追求个人理想的过程中也在为国家梦想的实现注入自己的力量。从整体上把握，中国梦是民族复兴、国家强盛之梦；从个体上把握，中国梦是生活幸福、人生出彩之梦。国家梦与人民梦紧密相连，相辅相成，统一于建设中国特色社会主义的伟大实践。中国梦是国家的梦、民族的梦，也是每一个中华儿女的梦。

师：中国梦的实现及其实现过程，是不是只对我们中国有一定的影响呢？请同学们阅读材料，并谈一谈你对中国梦与世界梦关系的认识。

材料二：

坦桑尼亚达累斯萨拉姆大学中国研究中心主任汉弗莱·莫西	菲律宾国家减贫委员会秘书长费龙可
作为世界上减贫人口最多的国家，中国对全球减贫贡献率超过70%，为全球减贫事业传递信心。非洲是发展中国家最集中的大陆，中国减贫经验值得非洲国家学习借鉴。中国也在用实际行动帮助非洲国家脱贫，如中国农业专家到非洲传授杂交水稻技术、中国企业在非洲兴建工业园等。	中国的减贫经验值得全世界学习，为世界其他发展中国家和地区减贫注入信心。改革开放40多年来，中国8亿多人口脱贫，占同期全球减贫人口总数70%以上，减贫成就赢得联合国和世界银行的高度赞誉。可以说，中国的减贫历程是人类历史上最伟大、最波澜壮阔的故事之一。

——《新华网海外传播中心》

（2）通过国外专家学者对中国脱贫攻坚的阐述，你对中国梦与世界梦的关系有什么认识？

师：中国脱贫攻坚战的胜利为全球减贫事业做出了巨大贡献。其实中国在追求中国梦的过程中，对世界的贡献不仅体现在经济方面，也体现在对世界的和平发展的各方面所做出的努力。例如，我国对于世界维和做出的贡献，对全球抗疫做出的贡献等。"穷则独善其身，达则兼济天下。"中国梦同世界人民的梦想息息相通，中国一心一意办好自己的事情，不仅对自己负责，也是为世界做贡献。

师：我们刚刚谈到我国脱贫攻坚的话题，随着电视剧《山海情》热播，宁夏西海固地区的脱贫故事被广泛关注。接下来请同学们随老师一起回顾西海固的脱贫故事。

【议题二】逐梦——前行有力量

【探究活动二】

视频展示《西海固新生》。

怎样理解脱贫攻坚和中国梦的关系？

从西海固脱贫攻坚的故事，你体会到了中国共产党怎样的使命担当？

师：中国共产党自成立之日起，就把消灭剥削、消除贫困、实现共同富裕作为始终不变的追求。打好脱贫攻坚战，是全面建成小康社会的底线任务，也是中国共产党对中国人民的庄严承诺。脱贫攻坚是实现中华民族伟大复兴中国梦的伟大实践，是实现中国梦必不可少的重要环节。从西海固脱贫的故事我们能够看到中国共产党不忘初心、牢记使命。中国共产党的初心和使命，就是为中国人民谋幸福，为中华民族谋复兴。

师：从脱贫攻坚战我们可以看出，实现中国梦的过程不可能一帆风顺，越接近目标，面临的风险就越大，遇到的问题就越复杂。当前，我国的发展还面临着许多复杂的问题。从你的现实生活出发，分享你了解的我们实现中华民族伟大复兴中国梦过程中遇到的问题。

师：在面对这些问题时，我们的党是怎么做的？

师：在实现中国梦的过程中，我们遇到了各种各样的困境与挑战，面对这些问题与考验，中国共产党作为领导者并没有退缩，而是脚踏实地，艰苦奋斗。在未来追逐梦想的过程中，我们要继续保持并发扬伟大奋斗精神，提高斗争本领，为实现中华民族伟大复兴顽强奋斗、艰苦奋斗、不懈奋斗，为实现中华民族伟大复兴的中国梦注入不竭的精神动力。

师：脱贫攻坚战的艰难性已经表明：在中国这样一个人口大国，实现全面建成小康社会的目标并不是一件容易的事情。历史和实践已经证明了，在中国这样的大国，最怕的就是四分五裂，一盘散沙。"打铁还需自身硬"，在带领全国人民进行伟大斗争的同时，我们党也在着力进行自身的建设。结合所学的知识，说一说为什么我们的党特别注重自身建设？

师：中国特色社会主义是中国共产党领导的伟大事业，我们的领导力量坚强有力，这个事业才能兴旺发达，国家才能繁荣稳定，人民才能幸福安康。中国共产党承担着带领广大人民群众实现中华民族伟大复兴的历史使命，要进行具有许多新的历史特点的伟大斗争，需要自身更加坚强有力，必须全面从严治党，保持党的先进性和纯洁性，着力提高执政能力和领导水平，着力增强抵御风险和拒腐防变能力，不断把党的建设新的伟大工程向前推进。推进党的建设新的伟大工程是实现中华民族伟大复兴中国梦的领导力量的保证。

师：一个国家的发展道路合不合适，只有这个国家的人民才有发言权。西海固人民脱贫致富的笑脸就是在向世界人民展现中国的脱贫答卷，中国为解决人类绝对贫困问题贡献了中国智慧、提供了中国方案。从历史的视角看，为什么脱贫攻坚战能够在今天取得伟大胜利？

师：西海固的脱贫故事只是实现中华民族伟大复兴过程中的一个小小的组成部分，但是它足以代表中国的脱贫攻坚成果，并足以说明推进中国特色社会主义事业的重要性。我们之所以能够创造出人类历史上前无古人的发展成就，最根本的原因就在于我们并没有走历史的老路，而是走出了一条中国特色社会主义的道路。历史和实践已经证明，实现中华民族伟大复兴的中国梦，必须坚持和发展中国特色社会主义，必须坚持推进中国特色社会主义伟大事业，这是实现中华民族伟大复兴的路径。实现伟大梦想，必须进行伟大斗争、建设伟大工程、推进伟大事业。

【探究活动三】

材料：伟大斗争，伟大工程，伟大事业，伟大梦想，紧密联系，相互贯通、相互作用，其中起决定作用的是党的建设新的伟大工程。

——《习近平：在中国共产党第十九次全国代表大会上的报告》

怎样理解"其中起决定作用的是党的建设新的伟大工程"？

师：作为团队的领导者，必须有卓越的组织力和领导力，才能带领这个团队促进任务的完成。中国共产党是中国特色社会主义事业的领导核心。

师：在中国共产党的领导下，我们已经全面建成小康社会，我们要乘势而上开启全面建设社会主义现代化国家新征程。围绕建设社会主义现代化强国的目标，党的十九大明确了新时代发展中国特色社会主义的战略安排，我们一起来了解一下。（PPT展示）

师：在上述两个阶段的目标中，基本实现社会主义现代化和建设富强民主文明和谐美丽的社会主义现代化强国的具体目标是怎样的呢？（PPT展示）

师：从具体目标的对比中我们可以看出，从基本实现现代化到建设现代化强国，是对现代化建设提出的更高要求。

师：为实现新时代中国特色社会主义事业发展的战略安排，我们要在政治、经济、文化等方面实施全面的具体措施（PPT展示），在这里我们可以将教材53页的具体措施归为9个方面。（请同学朗读）

【议题三】圆梦——肩上有担当

师：让我们再次回到脱贫攻坚的故事中去。在脱贫攻坚的战场，广大优秀的青年党员奔走在脱贫的一线，涌现出了黄文秀等青年榜样，他们奉献自我，用美好青春诠释了党的初心与使命，在新时代追求中国梦的路上放飞梦想。同学们，在中国特色社会主义新时代，我们青年人应如何有所作为？

师：（展示PPT）"中国梦是历史的、现实的，也是未来的；是我们这一代的，更是青年一代的。"新时代的新青年要将自己的人生梦想融入国家和民族的伟大梦想之中，脚踏实地、步履坚实，努力学习科学文化知识，提升自身素养，以真才实学进行创新创造，服务人民，报效祖国！

师：在课堂的最后，老师送给同学们一段李大钊的文章《青春》的节选片段，请同学们跟随视频一同有感情的朗读。

材料："吾愿吾亲爱之青年，生于青春死于青春，生于少年死于少年也。进前而勿顾后，背黑暗而向光明，为世界进文明，为人类造幸福。以青春之我，创建青春之家庭，青春之国家，青春之民族，青春之人类，青春之地球，青春之宇宙，资以乐其无涯之生。"

五、课堂小结

随教学情况和课堂效果进行小结。

"发展生产满足消费"教学设计

教学设计流程

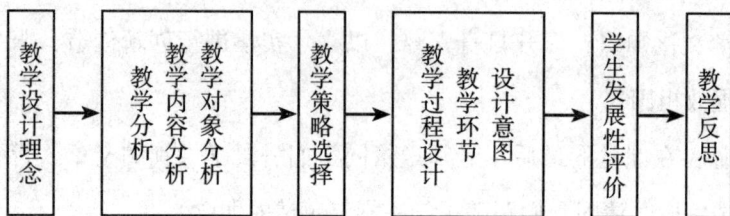

```
教学设计理念 → 教学分析/教学对象分析/教学内容分析 → 教学策略选择 → 教学过程设计/教学环节/设计意图 → 学生发展性评价 → 教学反思
```

教学流程

```
课前准备：连接学生已有知识和社会时政热点 → 创设情境提出问题探究学习树立正确的消费观 → 学以致用：为创建节约学校
```

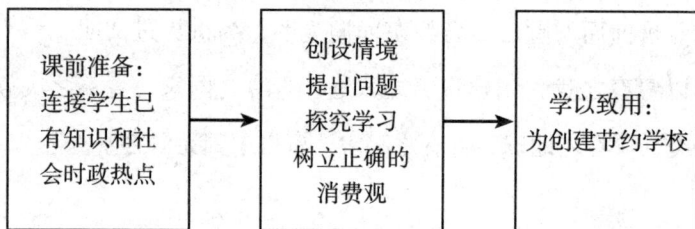

一、教学设计理念

新课程教学改革的首要任务是强调师生交往，构建互动的师生关系。因此，我尝试转变自身的教育观念和学生的学习方式，力求建立平等、互动的新型师生关系。以此为理念，本着把学科的研究性学习和探究教学相结合的原则对本课的内容进行教学设计。

二、充分认识教材

从理论上讲，本框是高一《经济生活》第二单元生产劳动与经营中第四课生产与经济制度中第一框"发展生产满足消费"。承接第三课"多彩的消费"，自然引出为了消费，起着承上启下的重要作用。就全书来说，消费与生产、交换、分配共同构成经济常识的统一整体，因而具有非常重要的意义。

从现实意义上说，消费与每个人息息相关。满足消费必须发展生产。社会主义的根本任务是发展生产力，生产的目的是满足人民日益增长的物质文化需要。无论是从知识的传授，还是觉悟的提高、实践的落实都是一个重要的内容。

三、根据新课程改革的理念和研究性学习等教育原则、建构式学习法则，认清学情

1. 从教材实际看，经过前面对影响消费的因素、消费的类型及结构知识的学习，学生已经逐步培养了辩证思维能力，具备了一定的发现问题和解决问题的能力。

2. 从学生实际看，学生都是消费者，但对于生产、交换、分配、消费四环节的关系以及国家大力发展生产力的相关理论，有待进一步提高认识。

四、依据课程标准的规定，根据新课程理念，结合学生的身心特点和教学实践，对本课内容进行整合和处理，并确定本课的教学目标

1. 知识目标

识记生产与消费的关系、社会再生产四个环节、发展生产力的决定因素，理解我国大力发展生产力的意义，运用生产与消费的关系，

解释现实生活中的相关经济现象。

2. 能力目标

通过对"生产与消费关系"的学习，培养学生从实例中分析认识生产的决定作用以及消费对生产的反作用的能力。利用探究式、讨论式的方法着重发展学生分析问题、解决问题的能力，特别是发展学生透过现实经济生活中纷繁复杂的现象，认清问题本质，提高参与经济生活的能力。

3. 情感、态度与价值观目标

通过本框学习，使学生拥护中国共产党，拥护初级阶段基本路线，认识社会主义根本任务，自觉坚持以经济建设为中心。

五、为完成以上教学目标，进一步培养学生的能力，提高学生的思想觉悟，根据新课程内容和学生的身心特点，确定本课的教学重点和教学难点

（一）教学重点和难点

1. 生产与消费的关系。

2. 发展生产力的意义。

3. 社会再生产总过程四环节之间的关系。

（二）确立依据

1. 从课程内容来分析，只有理解了生产与消费的关系才能解决为什么要大力发展生产力的问题；明确了社会再生产总过程四环节之间的关系，才能真正实现本节课的教学目标，并为下节课的学习打下基础。

2. 从学情来分析，学生作为消费者，他们对消费的相关理论不了解，需要及时解析。

3．从国情来分析，国家大力倡导建设节约型社会，和生产与消费的知识密切相关。

六、明确课堂教学策略

以探究式教学法为主，以时政热点为导线，鼓励学生关注自己身边的经济现象，参与教师的教学活动，利用多媒体教学手段形成生动活泼的课堂氛围。

七、分析学法

指导学生通过有效阅读、探究化学习的方式，把时政热点和自身实际结合起来，从而自发地树立起科学的消费观。

八、依据以上教学目标、教学重点和教学难点，从教材理念、内容和学生的实际出发，设计教学过程

【课前准备】

1．影响家庭消费的因素：国家经济发展水平、价格水平、物价水平、人口数量。

2．布置研究性课题：节约型社会的提出背景、相关政策文件、落实情况等。

（设计意图：链接学生已有知识，链接社会热点，把探究教学与研究性学习有机地结合起来。结合十六届五中全会提出的建设节约型社会这一时代性很强的课题，作为对教材的补充，既可以激发学生的学习热情，还可提高学生运用知识解决实际问题的能力。

【创设情境、提出问题、探究学习】

播放录像:《建设节约型社会宣传短片》

提出问题:我国提倡的建设节约型社会与消费是否矛盾?

让同学们结合课前布置的研究性课题,分组进行讨论,各抒己见。

(导课意图:选取与学生生活密切相关的一些家庭节能消费品的实例,并结合已布置的研究性课题形成的相关知识,提出问题。这样可以增强学生的认同感,激发学生寻找问题、探求问题的兴趣,从而创设出良好的师生互动氛围。)

在学生讲述了自己的见解以后,教师进行总结:消费是使用资源,节约则是有效地利用资源。节约不是不要消费,而是为了更经济地利用资源,在积累更多财富的同时,让人们享受更高层次的消费。可见,节约可以让生活更精彩。通过这样的引导,导入本课教学。

【探究问题】

在简要回顾正确的消费原则之后,教师开始引导学生进一步探究:社会再生产过程,是由生产、交换、分配和消费组成的有机整体,消费是其中的一个重要环节。

结合刚才录像中的画面—新式呼吸面罩、高科技隔热服、紫外线防护伞、噪音隔绝耳机提出问题:

1. 为什么你没有见过这些东西?

2. 为什么说如果我们继续破坏资源,我们将离不开这些东西?

3. 消费在建设节约型社会的过程中应该起到什么作用?

(设计意图:坚持"材料—设疑—讨论—归纳"的探究型和启发式教学方法。让学生去分析、判断和思考,形成一种"以学生参与为标志,以启迪学生思维、培养学生创新能力为核心"的参与性、开放性创新教学的模式。通过师生互动,使教师的教和学生学的双主体作用充分地发挥。生产与消费关系这一重难点也得到了突破。）

【学以致用】

作为21世纪的青少年，肩负着使国家繁荣富强的重任，因此树立正确的消费观对中学生尤为重要。特别是在建设节约型社会的过程中，中学生也要从自身做起，为建设节约型社会贡献力量。我们的学校正在建设节约型校园。请你为创建"节约学校"出谋划策。

【课堂小结】

这节课我们主要学习了一个经济学理论即生产和消费的关系，理解了国家大力发展生产力的原因、意义和做法。同学们在增长知识的同时，也懂得了消费对于生产的重要性，明白了节俭不仅是一种美德，更是一种责任。这种思想境界的提升有利于学生投入到建设节约型国家的洪流中去。

【板书设计】

发展生产满足消费

一、生产与消费

1. 生产决定消费

2. 消费反作用于生产

3. 社会再生产

二、大力发展生产力

1. 我国必须大力发展生产力的原因、意义

2. 如何大力发展生产力

【学生评价】

遵循目的性、反馈性和学以致用的原则，为促进学生全面发展、个性发展、可持续发展，还必须建立科学的教学评价体系。因此，在教学中，设置了"学生思想政治课学习记录卡"。从而，改变了以往评价功能过于强调甄别与选拔，注重学生的形成性评价。

九、教学设计反思

我国著名的教育著作《学记》中说："既知教之所由兴，又知教之所由废，然后可以为人师也。"在进行教学设计之后，我有两点反思。

1. 政治是一门时代性很强的学科，本课的教学设计采用了融时代主题于教学的方法，时代性地处理了教材，围绕建设节约型社会这一主线，把研究性学习和探究学习结合起来，使教师和学生的双主体作用得到充分发挥，达到了优化课堂教学的目的。这样的教学设计既体现了"教师在教学过程中应与学生积极互动、共同发展"的新课程理念，又凸显了学科特色，应该可以达到预期的教学效果。

2. 新课程的课程观强调课程是非预设的，是生成的。在进行教学设计的过程中，学生虽然通过亲身感悟、探究，认识到了树立正确消费观的重要性，但往往停留在对表象的认识上，可能缺乏更好的理性思考，致使实际的课堂教学过程和效果与我预设的教学环节可能会有一定的差距。比如，教师设置的探究性问题学生是否会按照教师的思路加以回答，以及对正确消费观内容的不同理解等，都需要教师用深邃的理论功底和机智的应变能力来应对和解决，也有可能会给本堂课的教学留下一丝遗憾，这更让我感到作为一名政治教师必须不断的学习、思考，不断改革课堂教学，这也是我们不断进步的动力所在。

新课程中政治综合探究浅谈

我们需要一种能引领学生用自己的眼睛去观察、用自己的心灵去感悟、用自己的头脑去判别、用自己的语言去表达的教育，一种能够培养一个拥有希望、力量和自信的人的教育。我们需要一个不断追求真实生命成长的有生命力的教育。探究式教学就是其中一种。探究是人类认识的一种基本方式，人类正是在对未知领域的不断探索中获得发展的。正如苏霍姆林斯所说："在人的心灵深处有一种根深蒂固的需要，这就是希望自己是一个发现者、研究者、探索者。"培养学生的探究能力、发展创造力是现代教育的出发点，也是实施素质教育的基本要求。《基础教育课程纲要（试行）》中强调："在综合实践活动中，学生通过实践，增强探究和创新意识，学习科学研究的方法，发展综合运用知识的能力，增强学校与社会的密切联系，培养学生的社会责任感。"国家义务教育新课程标准强调探究，认为是新课程教学的基本理念和新课程学习的基本要素，这种理念指向了教学方式和学习方式的变革。

要引导学生搞好探究，达到预期的目标，首先要对探究和综合探究课有所了解。"探究"一词意为"深入探讨，反复研究"。"探讨"，即研究讨论，要两人以上合作。"研究"即多方寻求答案解决疑问。美国国家科学教育标准为探究下的定义为："探究是多层面的活动，包括观察；提出问题；通过浏览书籍和其他信息资源发现什么是已经知道的结论，制定调查研究计划；根据实验证据对已有的结论做出评价；用工具收集、分析、解释数据；提出解答、解释和预测；

以及交流结果。探究要求确定假设，进行批判的和逻辑的思考，并且考虑其他可以替代的解释。"

从教学方式而言，综合探究课是指教学过程是在教师的启发诱导下，以学生独立自主学习和合作讨论为前提，以现行教材为基本探究内容，以学生周围世界和生活实际为参照对象，为学生提供充分自由表达、质疑、探究、讨论的机会，让学生通过个人、小组、集体等多种解难释疑的方式，将自己所学知识应用于解决实际问题的一种教学形式。它是一种能引导学生研究、探索、解决问题的教学方法，能使政治课的课堂教学由"传授"型、"灌输"型向"体验"型、"实践"型转变的教学模式，更好地体现和完成了三维教学目标，也促使教师实现了由教书到育人的转变，由经验型教师向学者型教师的转变。

从学习方式而言，探究性学习是一种积极的学习过程，主要指的是学生围绕一定的问题、文本或材料，在教师的帮助和支持下，自主寻求答案、意义或信息的一种学习方式。综合探究课的设置意味着一种锻炼、一种尝试、一种思想上的解放、一种学习方式的革新。学生的学习也由被动的接受性学习转变为主动参与的探究性学习。有利于培养学生的动手能力、发散思维能力、综合探究能力、团结协作意识以及创新精神。而这些方面的培养正体现了这次课程改革的宗旨，为学生的发展提供了广阔的空间。

在现行的政治人教版普通高中课程标准实验教材中增添了许多探究活动，主要有两种类型：一种是常规教学中的探究活动，如"说一说"类型，培养学生的语言表达能力；"做一做"类型，培养学生的实践能力；"想一想"类型，培养学生的思维能力；"辩一辩"类型，培养学生的思辩能力……在教学中有意制造一些困惑或是创设一定的情境，引导学生用已有的知识交流探讨，从而使知识得以迁移和深化，完成教学的任务；另一种则是在每个单元之后，设立与本单元内容相关的综合探究活动的课程内容，它的目的之一就是通过比较集中的课堂教学活动，系统地培养和强化学生的探究性学习能力。相比前一种而言，它对学生的探究要求更高、更深入，它将学生的学习从课堂延伸到了课外，要求学生在课余进行相关的探究活动，做深入细致的收集分析工作，然后再通过一定的形式展示自己的探究成果，在一系列的探究过程中，使学生对本单元知识的掌握更加系统。这里我主要是对每单元后综合探究课的处理提出一些自己的做法和想法。

在教学实践的过程中，我个人觉得对综合探究内容的处理可以考虑课时、探究内容的实际情况，主要采取两种解决方法：一种是化整为零，一种是集中击破。

化整为零主要是应用在课时比较紧张，探究内容相对比较零碎的情况下，将综合探究任务分解到各知识点学习的过程中去。如必修模块一《经济生活》第一单元的综合探究课是《正确对待金钱》，而本单元的知识点是介绍货币、价格、消费。货币就是金钱，商品价格是用钱来表现的，消费不外乎是怎么花钱。所以，金钱观问题与这三课的内容密不可分。本综合探究课也就是围绕"金钱是什么、钱能做什么、金钱应怎样获得、钱应该怎样利用"等问题，来探讨怎样正确对待金钱，这对高中生的成长有着十分重要的作用。我们首先在第一课时《神奇的货币》中安排全班进行一个探究活动，每人通过各种途径搜集关于金钱的故事，在第三课时《多彩的消费》也安排全班进行一个探究活动，对自己家庭收入和支出进行调查，并写一篇名为《谈谈我家的消费》的文章。这两个活动主要依靠个人完成，然后教师选择个别同学汇报观点、事例，进行课堂交流。这样的活动贴近学生生活，容易开展。在第一学段进行尝试后，我们在第二学段又进行了完善、补充。比如，增加了趣味性的小组活动以"金钱能买来……，却买不来……"的形式接龙。这样处理第一单元的综合探究课的优点是在第一单元的每一课都渗透了金钱观的教育,学生容易完成探究活动,课堂气氛活跃。

又如必修模块四《生活与哲学》中综合探究主要是设置了几个关于本单元哲学道理的讨论事例,结构性不强,内容比较分散,教学中我们主要是在学习某个哲学原理的过程将探究中所提供的事例进行分析,从事例的探究中学会哲学原理和应用。第一单元的探究《走进哲学,问辩人生》第一个探究活动设计为收集查阅历史上富有哲理的寓言故事和成语故事,思考其中蕴涵的哲学智慧,用于哲学第一课时中,既能调动学生的学习兴趣又能感悟哲学就在我们的生活中,与我们并不遥远;第二个探究活动设计为收集科学发明的事例并结合教材中科学家论哲学的言论,这个活动用于第一框第二目中深刻说明了哲学和具体科学的关系;第三个探究活动设计在第三课第一框中,探究哲学与时代的关系,尤其是哲学对我国现代化建设的重要性,明确学习马克思主义哲学的重要意义。

但有时针对某个重要的或难以理解的知识、社会热点与知识相联系但又不局限于某个知识,我们又需要一个相对比较完整的时间进行多方位、多层次的探究,并对学生的探究成果以一定的形式展示。

如必修模块一《经济生活》中"就业形势与自主创业"等综合探究活动课,我要求学生对这一课题进行思考,把全班按兴趣分为择业组2个、自主创业组3个、招聘组1个。每一组选出组长1名,副组长1名,发言人1名。各组分工负责,每名成员有一主要职责,当他完成主要职责时,其他成员协助。各组按照自己的需要去调查访问、查找资料、组织小品等活动。在课堂上各组模拟招聘、模拟创业竞赛等,在和谐的课堂氛围中拓展了职业观念、求职技巧、创业素质、创业能力等新知识,也使学生对自己的发展有了更加明确的目标。

必修模块三《文化生活》知识要求相对较少，而文化的许多东西本身就重在自身的体验与感悟，因此在教学过程中我对综合探究课的处理主要采用情感体验式探究模式。波利亚说："学习任何知识的最佳途径是通过自己的实践活动去发现，因为这种发现理解最深，也最容易掌握内在的规律、性质和联系。"情感体验式探究就是创设生活情境，让学生在真实可信的情境中设身处地地体验，从而积极思考，主动获取、运用相关知识解决实际问题，目的是让学生在体验与探究的过程中自主建构知识意义，体验探索的艰辛与成功的喜悦，感受合作的快乐与力量，形成积极向上的情感、态度和价值观。情感体验式探究强调体验，体验是一种心智活动，是用全部的心智去感受、关注、欣赏、评价学习材料。只有经过体验，我们才能把一个陌生的、外在的、与己无关的对象变为熟悉的、可以交流的，甚至是融于心智的存在。只有以体验为前提，才能进行有效的认识活动。

在讲《文化生活》第一单元的探究《聚焦文化竞争力》时，我将全班同学分四组，分别收集美国、日本、韩国和中国文化竞争力的现状和对自己国家发展的作用、对世界其他国家的影响，大家根据自己的兴趣收集资料，课堂上将收集的资料进行整理，在全班进行交流。在同学收集展示的数据、图片和其他资料面前，大家被深深震撼了，引发了学生对提升中国特色社会主义文化竞争力，正确对待外来文化的深刻思考。第二单元的探究《建立"学习型"社会》是从教育和学习方式的改变对文化传承的重要作用入手，联系社会热点——"学习型社会"展开，引导学生树立"自觉学习、终身学习"的认同感和强烈愿望。我们专门组织学生上网对老师、家长等周边学习型人才进行采访并参加了龙城讲坛活动等，学生在课堂上对所探究的结果分四个部分进行了展示：第一小组展示了一系列的数据表明在知识经济的今天，知识更新的速度快，知识份额在经济中的比重从过去的8%上升到现在的80%，要适应就必须不断学习，否则会被淘汰，而现代物质条件的发展和教育体系的完善也为我们的学习提供了可能。进而向大家明确了"学习型社会"的概念和核心内涵，并用不同国家和不同个人的实例进行论证。第二小组定名为《他山之石，可以攻玉》例举了日本建设学习型国家的具体措施和取得的成就。第三小组定名为《学习在常州》，将目光放在常州学习型社会的建设，感受这种学习带给常州的变化。第四小组定名为《争创学习型个人》，从"知识产业工人"邓建军的采访到目前新兴职业的不断变化，落脚到每个人必须自觉学习、终身学习，适应社会。在四个组展示完后学生有了进一步的了解。在此基础上，教师略做小结，引导学生从展示材料中总结建立学习型社会、学习型企业、学习型组织、学习型个人有何现实意义；既然这么重要，我们的城市中、个人身上还有哪些与建立学习型社会相背离的思想和行为；针对这些行为，我们应怎样改进；为本班创建学习型班级拟订宣传标语，并制订一些措施写入《班级公约》，这些问题围绕探究内容，因势导利，环环设疑，环环释疑，阶梯式上升，由浅入深，从易到难，由小到大，由收敛到发散，由定向到开放，保证学生思维的连续和畅通，使学生在探究过程中不断产生认知冲突，从解答问题中领悟到获取新知识的"顶峰体验"，从而激励再认知。学生分析问题、解决问题的探究过程，既是对信息进行筛选、综合、重组的过程，也是学生思维能力的发展过程，有利于学生的自评、纠错和能力的发展。而探究过程中学生与学生的交流，教师与学生之间的交流，增强了学生的合作意识，拓展了知识获取的渠道。

　　教材中探究给我们指明了探究的目的，提供给我们一些探究的内容，在我们理解探究核心要求的前提下，我们可以选用一些其他合适的主题组织学生探究，取得更好的教学效果。

　　综合探究课的实施过程给了我很多感触。有的探究很成功，我为学生隐藏的潜能骄傲和感动；有的探究只是一种形式，并没有达到良好的探究效果，我也进行了深刻的反思，在探究方式、内容的预设和课堂对教学资源的动态生成的把握上做了进一步的研究。总之，在课堂教学中教师要善于营造开放探究的氛围，以学生感兴趣的问题为切入点，以个性化需求为内容，让学生在探究中发现，发现后再探究，摆脱教师对学生思维的束缚，教给学生对所学知识和信息进行分析、加工和整理，从而施展学生才华，提高他们能力。在今后的综合实践活动课中，我们将不断摸索、不断创新，使综合实践活动课的实施更加深入和完善。

第二部分　我的教育故事

我的博雅我的班

窗台一角的紫罗兰花开正酣，绿油油的枝叶，紫色的小花，竞相地伸展着，就像一个个仰头认真听讲的孩子，我知道我又在想念你们了——博雅班的孩子们！

博雅班是一个在东北师大附中存在仅两届的班型，它是由刚进入高中校园就选择学习文科的120名学生中成绩相对较好的48名同学组成的班级。我有幸在2014年成了第二届博雅班的班主任，也让我拥有了那段最美的时光！

初见

八月的校园热情似火，分班报到的那天上午，学生和家长们把操场挤得水泄不通。由于我的班级班型特殊，人员固定，不需要抽签，也让我体会了十多年班主任生涯中唯一一次"特殊"。第一次与他们的交流都说了些什么已经记不清了，只记得那天我感冒发烧了，吃了退烧药，不停地出汗，中午约好的一点半发教材，我晚到了五分钟，当我气喘吁吁地赶到教室，看到的是一屋子安静坐着的同学们，内心充满了小确幸，做出了一个惊人的决定"上课第一天的早晨在'自由'的教室里自由选座"！我想那一定是一个兴奋的周末，盘算着坐到哪里是最佳的位置，思索着有没有一见如故的朋友，而我却在琢磨在如此情况下如何保证课堂和自习的纪律……经过半年的试行，弊端尽显，同学们也深刻认识到老师集中统一领导的重要性，我的班级管理思想得到很好的贯彻落实。

尴尬的聊天

男生是博雅班的稀有品。张天巍是八个男孩子中唯一一个想当班长的，虽然是零经验，但我还是任用了他。其他七个男孩也都委以重任，纷纷走上了生活班长、体委等岗位。他们承担了擦黑板、倒垃圾、排考场这些繁重的工作，三年里没让我操一点心。

天巍瘦高、健硕、爱运动，是个阳光大男孩。皮肤黝黑，我曾调侃他日后要找一个皮肤白皙的南方女子，而今他真的去了暨南大学，在广州的阴雨中养白了自己。关于班长的故事可以写一本校园青春文学小说。

天巍爱一切美好的事物，是个情感丰富的文艺男青年。他总是能利用数学的排列组合把我交给他的换座任务完成得很好，更重要的是他总有无可挑剔的理由把它喜欢的女生换到他的附近。等我觉察到时往往已经是一场单相思的尾声。高考之前的五月，我探听来消息说班长近日心神不宁，心事重重，我思来想去认为是班长对班上的小裴同学一往情深了，这个关键时刻，我必须果断出手拯救他呀！我在间操后与小裴进行了长谈，从班长三年来的辛苦付出到高考对一个孩子的到底意味着什么，当我把自己都谈得鼻子发酸时，我发现小裴的表情有些不自然，我就赶紧发表我的中心思想：如果班长和你表白了，别生硬的拒绝，等到高考结束后再说吧，不能影响他的情绪呀！几天后观察天巍学习状况改善了，一块石头落了地。可是，在同学们的毕业聚会中我才得知我与小裴谈话时我的班长已经另恋她人，我的这次聊天被同学们称为最尴尬的聊天，没有之一！

离别信

亲爱的老师：

我们就要毕业了，对老师而言，三年并不是一个轮回，而是一段新的征程。每到这个时候，我猜你们都会有一种"望着学生们远去的背影"的感觉，但你们其实很少去想，学生们会离开，但带走的不只是回忆，还有些你们身上的东西，或是些许性格，或是某种习惯，那个背影不光只是我们自己，还有您的气息。

心里有很多很多想说的话，但又不知从何说起，可我每一天都真实地感受到，我有一个太爱、太喜欢的翠姐了！因为翠姐总是能在我压力大到爆表时第一时间察觉，在我成绩糟糕、难过丧气时向我传递超多正能量；因为翠姐于我而言超暖、超治愈，因为翠姐给我艰难的小日子带来了超多欢乐！

身边有您，路不再遥远，凛冬不再寒冷，我的苦将不再是负担而化为礼物，照亮我的路，我永远都在路上，潜心积攒爆发的力量，如您所言，要仰望星空，但更要脚踏实地。我的翠姐是世界第一可爱的班主任和政治老师，是我和27班同学眼里最好、最温暖的存在，是我筑梦路上最大的动力！

您说希望以后我们回想起您认为您是好人，这就够了，这怎么行？《师说》说：师者所以传道授业解惑，您都做到了，所以一定记得您还是个好老师！

我还是想说，谢谢老师，谢谢您"扶正小树苗"，但树苗们终究会长成参天大树，希望您在以后漫步森林的时候，记得自己浇过水，水很甜，所以树会很茂盛。记得来遮阳蔽雨。

王瑞珩

2017年5月31日

毕业礼物

　　每带完一届毕业班，我都和孩子申请要一份特殊的毕业礼物——一盆花。孩子们奔赴美好前程，花儿依然和我朝夕相处，我会悉心浇灌！博雅班的孩子送我的是这盆紫罗兰，他们说绿叶和紫色花就像穿着紫色绿星校服的他们，这是一盆神奇的花，一年四季都在开花，它在告诉我：你们很好！

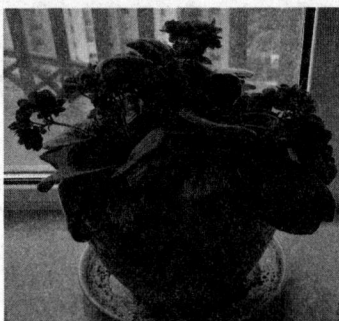

　　博雅班在我心里，每一个瞬间都是珍贵的回忆！我爱我的博雅班！

春风化雨润无声

——记我的高中班主任张翠

登校那天，九月的天气依旧炎热，却有着秋日爽晴的阳光。她穿着制服早早地站在教室里等我们。她个子不高，一席盘发，眼神明亮。她给我的第一印象是严谨利落、一丝不苟，平实朴素得像邻家的姐姐。可她的开场白却令人为之一震："如果你们努力，什么都好说，如果你们做了什么过分的事情，那就别说我过分……我不关心你们的入学成绩，我等待你们创造新的成绩……"这样的话让我心中暗喜，一方面，我是个安分守己的学生；另一方面也因为老师的坦白率真。

她就是我的高中班主任老师张翠，大家都叫她"翠翠"，与沈从文的小说《边城》的女主人公重名。小说中的翠翠是个情窦初开的少女，而"翠翠"则是"负责普及走中国特色社会主义道路，实现中华民族伟大复兴思想"的政治老师，在东师附中大名鼎鼎，文科普通班优秀班主任，也是最牛班主任。传说，可以将全校后几名的学困生培养成为北大清华尖端人才，是位会"相马"的好伯乐。

翠翠热情开朗、幽默诙谐是全校闻名的，可她的雷厉风行、敢作敢为我也是领教过的。年级举办合唱比赛，她亲自担任指挥，年级每次排练，大家都因为她的动作而笑场，我猜没有一点指挥经验的她一定紧张，但是为了全班同学不紧张，为了集体荣誉，她拿出"女汉子"的作风，勇于挑战，指挥到位，使演出获得了极大成功。

她总是鼓励同学参加学校举办的各项活动，其实我们心里都清楚，有些项目就是参与，根本不会取得名次，但她仍然坚持要求我们参加。"只要参与，就会得到锻炼和收获"，这是她经常说的一句话。没有尝试永远不会成功，成功就是在不断尝试中积累经验后取得的。我们的班集体总能在各种活动中得到能力的锻炼，展现特有的风采。

我就这样成为翠班的一员。

高一的一整年，我都过得迷迷糊糊。也许是因为初入高中不适应紧张的学习节奏，也许是我对理、化、生的无兴趣，我整天不在状态，成绩几乎倒数。她非常着急，找我谈过几次，又将我和一名学习成绩优异的男生调到一桌，希望我能从此振作起来，我奋发努力，但成绩还是没什么大的改变。

一次次的考试、一次次的测验、一次次的失败，我疲惫奔波于各种补习班之间，披星戴月，汗水伴着泪水，冲走的是父母的血汗钱。妈妈对我极度失望："学啥样算啥样吧，考哪算哪吧。"我清晰地记得高一下学期期中考试成绩发下来时妈妈说的话。我情绪一下子低到冰点。我把自己完全封闭起来，不去也不敢去见任何老师，也不和同学交流。中午一下课我就在桂林路附近闲逛，不到上课时间不回教室。这样的日子没持续几天就被火眼金睛的翠翠发现了。

深冬的寒风裹挟着雪花，在窗外呜呜地刮着，我如往常一样拖拖拉拉地走回教室。没想到她竟然在门口守株待兔，她一把拽住我的胳膊，连推带拽把我拉到备课室旁边的复印室，严厉地说："你就这点出息，有几次没考好是正常的，这点挫折算啥呀，你既然进了我的班，到什么时候，我都不会抛弃也不会放弃任何学生，你想自暴自弃那绝对不行，从今天开始，每天中午去我备课室做练习，雷打不动，走……"

在每天都在翠翠的办公室度过午休的一段时间后，正是高一生活即将结束之时，我好像逐渐适应了高中生活的快节奏，学习成绩稍微有点起色，我就像在茫茫黑夜突然发现了一缕光亮。可是这时，我必须面对高二文理分班，学文学理，我举棋不定，学理就怕理科成绩没有起色；学文又怕班主任嫌弃我成绩低，不欢迎我。

又是中午下课，我迫不及待去找翠翠，想听听她的意见。"学文！"她异常果断坚决，"你就是文科的料，学文你就等着奇迹发生吧，老师对你有信心。"我回到教室，像一只快乐的小鸟，十分开心地在"文理分科调查表"上毫不犹豫地选择了文科。那天的阳光格外温馨。

信心比金子还珍贵。坚定信心，决定选择文科后，整个暑假我都过得很high，遨游在文学与史学的殿堂，述说着我的所思、所想、所感、所悟。在方块字的世界里，我的心灵得到了抚慰，岁月的无情仿佛也可以驻足。文字给予我灵感和抚慰，仿佛是浩渺宇宙中的一颗恒星，散发着华光。一任喜怒哀乐在方块间跳荡，我像小鸟一样快乐地飞翔——找回我遗失多时的金子般的信心，也找到了我人生追求的目标和梦想。我在心里对翠翠说："远见卓识啊！谢谢您！"

高二开学，我们班拆了，要重新分班了，我一遍一遍地祈祷上苍把我分到翠翠班，皇天不负痴心人，我如愿了，我又成为翠班的一员，成为翠翠的亲学生，而且还有幸被翠翠"钦点"为政治科代表。

由于学校在装修，我们班暂时在一楼生物实验室上课，翠翠再次释放了她乐观开朗、风趣幽默的正能量，向全班同学发表新学期第一次别具一格的演说："这是校领导对咱班的信任，你们说有那么多普通班，为什么单单让咱们班在实验室上课，实验室可是学校重地，平时少有人来，让咱们班在这上课说明咱班是最被信任的。"同学们自此安下心来，在生物实验室学文科。

本着对我们负责的态度，她非常注重提升我们的学习成绩，培养我们自信乐观的心态。在学习上，她组织全班同学制订阶段性学习目标。她鼓励我们一定要经得起考试的检验，乐观面对每次考试："别老抱怨考试，那是证明你能力的很好的事情。考好了，别沾沾自喜；考不好，别惴惴不安。在高中，你必须学会承受各种失败与打击，现在只是一次考试，等你们走向社会，好与坏的差别就大了，弄不好，丢掉的就是你谋生的工作。"

升入高三，同学们都开始全身心地投入到学习中，随着高考的临近，我发现了她的穿着有了变化。翠翠不再穿黑、灰等沉闷的颜色，换成了亮色的服装，偶尔还穿上带着蝴蝶结的裙子和毛茸茸的萌外套，颇具少女情怀。

我想她是想调节一下沉闷压抑的气氛，缓解大家因为压力大而紧张焦躁的情绪。

高三意味着高考冲刺，她为全班同学制订不同的冲刺方案，我的方案就是提高学习效率。我从小办事就比别人慢半拍，走路总是慢吞吞的，学习内容越来越多，越来越复杂，压力也随之逐渐增大。为此，她曾多次对我进行思想教育："科代表，你别的都好，要是快点就更好了。"为了提高我的学习效率，她有一套强制的办法，每天中午12点半准时坐在前面看自习，从教室到备课室2分钟必须走到，甚至她和我一齐走，测出最快的速度……用各种各样的奇招怪式训练我、改造我，别说，挺有效果，我现在真的比以前快多了，学习效率明显提高了。

第一次月考，我们班有两名同学冲进全校前20名，翠翠再次成为全校的焦点。

班会上，她斗志昂扬地给我们讲述了美国著名花样滑冰运动员斯科特·汉密尔顿励志故事。这位2岁即被宣判活不过10岁却最终获得花滑冠军，创造了生命奇迹的斯科特，用他的生命告诉我们"不是因为有些事情难以做到，我们才失去信心，而是因为我们失去自信，有些事情才显得难以做到"。老师说完迅速打开投影仪，屏幕上出现这一行大字："希望你们每位同学都能树立远大的人生目标，并为之奋斗终生。"她用期待的目光注视全班同学，这眼神满含希望。

冬天很快就到来了，每天下午上课前翠翠总是冻得鼻子通红，端着膀缩着脖走进教室，刚开始我们都很奇怪，时间长了，有的同学说翠翠中午去给儿子送饭冻的，我不由感叹"可怜天下父母心"，直到期中考试后，召开班级总结大会，答案才揭晓。

期中考试我们又一次取得辉煌战绩，考进全校前100名的有11名同学，考进全校前20的有2名同学，全班平均成绩在普通班中名列前茅，高出其他班级10多分，全校都像看国宝大熊猫似的看翠翠。全班同学学习热情空前高涨，我们都等着接受老师的表扬。

开班会那天，翠翠阴沉着脸走进教室，我们都很诧异，大气不敢出。不知是谁发出了桌椅摩擦的声响，显得十分突兀，我的心头一颤，气氛更加紧张。"你们知道最近我每天中午冻得嘚嘚瑟瑟去干什么了吗？最近我发现我们有两种倾向：一是男女同学过分亲密；二是上网吧。别以为你们每天中午手拉手出去吃饭我不知道，别以为你用中午时间打游戏我不掌握，从第一次月考到现在，出去几次、在哪活动全在我的掌控之中，知趣的同学主动找我坦白，要不家长会我就向家长通报，成绩下降的同学都要查找原因，成绩好的同学也不要沾沾自喜，万里长征才走第一步，坚持才能胜利。"停顿一下，她话锋一转，开始调侃："你们现在不要着急玩游戏，要玩就得玩点高档的，等你考上好大学，毕业年薪几十万，坐飞机出国打高尔夫那多酷啊！去爱琴海谈恋爱那多high，你们现在不要着急，急啥呀，如果你们到大学里找不着对象，就跟我说，我负责，我给你们培养学弟学妹。"教室里的气氛顿时活跃起来，有调皮的男生突然发问："老师，我是您给谁培养的？""高考完告诉你。"翠翠笑着说。早恋和上网吧的问题在"侦察员"强大的功势下，就这样轻松地得到了控制和治理。

翠翠待人亲和，没有什么架子，大家对她都很认可。连我的妈妈都成了她的粉丝，就差顶礼膜拜了，每次开完家长会回来，都要手舞足蹈地模仿翠翠的动作，学她说话的语气，向我传达家长会的信息。我闭着眼睛都能想象出翠翠夸张的表情，充满正能量的演讲，鲜活而富有喜感。而翠翠在家长会上传达的精神，更是被她毫无遗漏地充分运用到对我的教育中。我们大家偷偷商量要在翠翠生日那天给她一个惊喜。那个清晨的阳光清澈而透明，从教学楼的玻璃屋顶上洒下来，明亮得肆意而绚烂。我们早在天色还微暗的时候就挂好了条幅，我们都很满意条幅的效果，那条幅比校庆时的还要长，上书"翠翠，我们爱你！"几个大字。翠翠来上班时，看见从五楼一直垂到一楼的巨大条幅，有多惊喜简直不言而喻。最后连校领导都听说了，闻风前来观看。翠翠在电梯里受到了调侃，哭笑不得地对我们说："这下我可真出名了。"我想她虽然嘴上无奈，但心里一定是装满了幸福。

翠翠不仅仅是我们的政治老师和班主任，更是我们的人生导师。她教给我们的未必是什么一定要恪守的真理，或是什么隽永的箴言，但却是一生要遵循的做人准则，令人终身受益。她教育我们要心疼父母："你们现在的努力就是为你们的父母攒钱，父母不容易呀！"在补课费飞涨的今天，这句话具有醒世意义。她经常讲起她执教多年遇到形形色色的家长，如数家珍，她曾动情地为全班同学讲过一位身材高大、五十多岁的父亲因为儿子的叛逆掩面哭泣；一位清洁工母亲靠捡破烂为生供女儿上学；她也讲述她的儿子有多么能吃、多么调皮，写日记有多难，她带着他有多辛苦……她常劝我们不要因为一点琐事就与父母争吵，希望我们能体谅他们的辛苦。对父母不好的人怎么能对别人好，不体谅父母的人怎么能报效国家。在翠翠故事中，我们慢慢懂事、慢慢长大，慢慢地形成二十六班的亲情价值观——努力学习、回报父母、回报社会、回报国家。

　　翠翠是名普通的高中教师，平凡地在讲台上度过一日日、一年年，紧握的粉笔，握不住从指缝中流逝的年华。她的平凡中却又有着不平凡。正是因为普通才更加亲切，因为平凡才更真诚。她对学生倾注了无数的期许，种下了希冀的幼芽。学生就像她的孩子，在她或严厉或温和的教育下一步步长成参天大树。她曾说："如果你们将来能事业有成，过得幸福，就是对我最好的回报。"

　　东北师大附中自由校区图书馆门前矗立着附中第一任校长陈元晖先生的雕像，在他的脚下有这样一句话："附中教师不做教书匠，要做教育家。"每每走过，感慨颇多，像张翠这样的教师在附中不是一位两位，她们言传身教、身体力行，为学生未来的人生奠基，谱写一曲曲生命教育的华美乐章。

东北师大附中2011届毕业生

中国人民大学博士研究生　孙诗涵

2013年11月12日

敬业守诚，教师本色

——东北师大附中政治教师张翠人物志

　　多年前，因为高考分数、报考等种种原因使得她不得不学习政治教育专业，最后成为了东北师大附中的一名政治老师；多年后，她向刚来到附中的我们彰显了什么是"敬业守诚，教师本色"，这就是东北师大附中政治老师——张翠。

　　在张老师的教学生涯开始之前，她选择做政治教师的原因无关崇高的职业理想，只与现实的高考成绩相关。这也是张老师现在为什么努力地指导学生填报志愿的原因，因为当时她不知道报考的规则，错过了去自己喜欢的专业的机会。她说："希望我的学生能考出优异成绩的同时，也希望我的学生能够避免和我一样的经历，有更好的前途。"

　　张老师自东北师范大学毕业后一直在附中任教，可谓是执教经验丰富。在多年的教学生涯当中，张老师有着各种各样的不同的难忘回忆。

　　曾经在张老师执教的班里有一个孩子，常表现出负面情绪与极端行为。"实际上，他内心里的焦躁不安的情绪达到了一定程度。当时我也因此很郁闷，现在回想起来，那个时候确实是没有针对性的治疗的方案，也没有把这个心理疾病真正当作一个疾病去劝他去治疗，导致他的病非常严重。"她每每回忆起那件往事时也都带着一些痛苦与愧疚。

　　经历过此事后，张老师在对待学生的态度上也发生了不一样的变化："孩子们都太好了，我是那么喜欢。其实成绩的好坏对于一个老师来讲没有那么重要，只要努力就好。"张老师在对待学生的态度上也总是温柔且亲切的。

教室前面的时钟里，时针一圈又一圈地跑着，跑过了十多年。在2020年的高考中，张老师带领的文科班级也创造了喜人的成绩。多年的高三教学里，有一些回忆总让她脸上带笑。

2011年毕业的文科普通班，张老师的班长考上了北京大学的法学，每每回忆起班长，张老师总会笑着说："他是一个非常勤奋的学生，情商也很高，非常努力，他在每一天的每一节课上都是那么的认真。"高三当时有自主招生、校长推荐，班长最开始的时候没有拿到自主招生的机会，爱生心切的张老师经过一番周折，帮助他得到了校长的亲笔推荐，也顺利地拿到了北京大学的五分加分。当时要来校长加分的时候张老师跟他开玩笑，说："大班长啊，你这要是考上了北大，一旦要有记者采访你的时候，要提到老师的名字哦。"后来那年我校考上清华、北大的七位同学接受了长春晚报的采访，在这些受访同学的发言当中，也只有班长在他的发言当中，感谢了他的班主任老师——张翠老师。

回忆整个过程之后，张老师仍然克制不住激动，直言道："我的教育是有价值的，孩子们是记得我的好的，你知道那种作为教育者的喜悦，是隐藏不住的。"培养了孩子们优秀的做人的品质，或许就是张老师内心教学工作的意义所在吧。

步入2021年，我们这届学生也已经完成了文理选科。对于新的一年文科生的培养的计划，张老师也有自己的看法，也会根据自己的教学对象进一步落实。张老师也希望在未来的教学中超越自己、挑战自己，攻破教学的难关。

张老师在平时的教学工作中，给学生留下更多的是平易近人、和蔼认真的形象。在高一十四班李林鹤同学的眼里，张老师有授人以渔的能力，能够真真切切体会学生的感受，用一种更贴近学生的方式来沟通，这也是他最钦佩张老师的地方。

2021年高考将至，张老师表达了自己对高三学生的祝福："祝愿2021年附中高三的孩子们都能够考出自己最好的成绩，考上自己最想去的大学，牛气冲天，牛年加油。"

多年来的兢兢业业彰显着她的敬业守诚；她对学生的关怀、对教育事业的热爱无不展现了真正的教师本色。

东北师大附中2020级六班　王艺霖

回　忆

现在是暑假，我提前来到学校，在临时的宿舍里，写下这些话。转眼间一年了。高中觉得写英语作文时"How time flies！"这个句子很俗，但现在还真的要感叹一句，时光飞逝呀。

刚刚，关注的东北师大附中校友平台推送了一条关于校庆的视频。里面采访了几位老师，其中有我的班主任张翠老师，声音和面庞都没怎么变。好像一下子打破了时空的次元，把高中的那一段日子和现在交织在一起了。

非常庆幸的是，印象中绝大多数我的同学们，和我一样在长庆街的两个校区度过了三年日子的同学们，回忆起这三年，都觉得非常开心。不仅仅是有收获，或是考上了哪所大学，而是很开心。在一名校过上令外人羡慕的生活也许是容易的，而发自内心的快乐才真正是一个学校给我们的最好的礼物。

作为一个高一的时候1000名（一共就1000多人）直到选择文科之后才真正逆袭的学困生，三年来一直都在附中的普通班过着和各位大神相比非常平凡的学生时代。没有参加过模联，没有当过社团领袖，我至今依然觉得那些光鲜亮丽的东西天生和我无关。我只是日复一日地用一些绝不算精妙的小聪明，和大部分犹如农民耕地一般的重复作业，换来了一点点属于我的东西。但彼时内心是飞驰的，又是笃定的，坐在一方小小的课桌旁，心里是满满的安全感。这得益于我身边充满了创造力和人情味的同学们，永远懂得站在学生的角度替我们着想、从不用陈腔滥调的规矩苛责我们的老师，以及给我们最大限度自由的学校管理。人生而自由，却又无往不在枷锁之中，但附中却可以让我们这些灵魂最大限度上地起舞。这也许就是名校和一般学校最大的区别。

我想起我高三的时候和同学在走廊里谈起将来。我说："哪怕将来我看遍了大千世界，最怀念的也许还是现在教室里这一方小小的书桌。"是的，现在依然怀念，但却觉得没有必要时常回头看。我喜欢冰淇淋胡同里面的果麦，可以点上一杯台式奶茶，喜欢从长庆街的那一片熟悉的树荫，它们给我安全感。相比之下，这一年离开附中在香港的生活，更多的是陌生的、不安定的、摇曳的感觉。走在汹涌人潮中，路人那没有表情的脸，说道快乐，或许不如过去那么多，但我依然诚心诚意地建议——去看看更广阔的天地。附中再好，也是被保护的生活。高考之前，你的人生是线性的；高考之后，你才迎来了爆发式的增长。"优秀是线性的进步，卓越是指数的突破"。大抵如此。

附中永远是你内心力量的源泉，让你提取温暖，可以度过之后人生的严寒。当你来到更广阔的天地，高中的80分和90分早就无足轻重，你该解锁下一个更复杂的关卡了。有更大的使命，召唤着年轻的你。加油吧！

香港中文大学　马识濛

2015年8月19日

我的老师

　　早自习的铃声还没响起，她就坐在了自己的座位上，哪怕是在东北师大附中14班这个奋斗氛围浓厚的班级中，她也是最努力、姿态最挺拔的人之——只不过她不是学生，而是班主任。她就是东北师大附中的政治老师张翠。翠翠是学生对她的爱称，她的毕业生给学弟学妹们分享学习秘诀说："如果学习没有力量了，就抬头看看翠翠，她身上的那种活力曾让我整天都受到鼓舞，觉得老师好像比我还年轻。"

　　"教育意味着一棵树摇动另一棵树，一朵云推动另一朵云，一个灵魂唤醒另一个灵魂。"而在张翠老师这里，这种唤醒则是她一直所进行的思政教育的内容。身为政治老师，她有独特的思政教育方法。这教育不只停留在口号，而是深入同学的具体生活和内心。

　　她在政治课上会在知识点中间穿插一些人生道理，下课还会在休息时间找学生谈心，解决问题。涉及到早恋等话题，她会在课上以玩笑的语气说："上了好大学才能见到更好的人，才能找到更优秀的另一半，所以各位找对象不要急于一时。"她教会学生正视恋爱，说那是人生的一部分，要严肃对待。同学们在被逗笑的同时，也逐渐地被这样的教育所塑造。涉及家庭问题，她曾动情地为全班同学讲过一位身材高大、五十多岁的父亲因为儿子的叛逆掩面哭泣；一位清洁工母亲靠捡破烂为生供女儿上学……她常劝学生不要因为一点琐事就与父母争吵，希望他们能体谅父母的辛苦。"对父母不好的人怎么能对别人好，怎么能报效国家呢？"

在她的一个又一个故事中，孩子们慢慢懂事、慢慢长大并形成自己的价值观——努力学习、回报父母、回报社会、回报国家。这种家国天下的情怀是她思政教育的一个侧面证明。

她给每个学生制订的目标都不一样，劝说的方式也不同。对慢性子的同学要从生活习惯开始讲究效率，对急性子的同学要锻炼他思考——这可以说是"对症下药"，但更重要的是她自己对思政教育的理解——让每个孩子都成为最好的自己。这不只是学习，更是关乎学生的全面成长。她会关心学生们的体育锻炼，会关注学生的爱好和课后生活。她会一起和学生们举办班会、参加活动，在高三最紧张的时候依然如此。这种关心是亲情式的，血脉相连而长久不绝。在家长们都焦虑的时候，她却仿佛母亲一样给孩子们一个宁静的港湾。

她会在放学之后和学生谈心直到夜幕深沉，学生会因为交心的谈话或开心或哭泣，但走出她办公室的那一刻回望她的身影，都会感觉"身心都被治愈了"。午休、课间、自习，她的学生都知道，一定有一个身影在这里等待着他们，成为最坚强的后盾。可以去问知识点，也可以去谈谈压力和不顺的事情，哪怕绕路去办公室只是问一句好，都会受到鼓舞。

她在课上会提起教过的众多北大等名校的毕业生，却是为了鼓励而非炫耀。她很认真地告诉学生，她提到的优秀的同学距离我们并不遥远，所以每个人都要有信心。学生不自信的时候，她就会举出那些"逆袭"的学生，她会说某某同学曾经也像你一样焦虑，但是高考还是考上了向往的大学。她说："乾坤未定，每一个人都可能是黑马。"高三最后的冲刺时间是熬人的，焦虑的是学生，更是老师。但她永远会为学生担起所有的压力，她总会以一种让人无法置疑的信心来鼓励学生："相信自己，你能行的！"

她的思政教育始终是围绕着学生的，是有温度的凝视和对话，始终用爱为孩子的未来领航。那教育方法是润物细无声的，却见之于成长和足迹。如果参观她的班级，就会发现学生们的精神风貌——虽然性格各异，却有着同样的自信和活力。从形似到神似，教育不是按照模子制造复制品，而是给每个人赋予属于他自己的、健康向上的那一种精神。

在教学上，她也有自己的方法。会每天花大量的时间给同学们整理题型，选题出卷。她在初期会总结很有用的答题方法，但是在临近高考却让学生把它们全都"忘掉"。她说："你要真正地回答问题。"这颇似"绝世高手"的教学方式，从"有招"练至"无招"，从技巧到达真实。看似简单，背后却是她大量的心血以及对学生思维方式的正确引导。她强调同学们对题目原则的把握，也会强调政治考核的本质。她在讲课中以党的事业和目标为核心，延伸到各个具体的知识点和例子，最终能培养学生的核心素养和政治自觉。

付出终有回报。2011届的毕业班，曾以青华校区最低分数线入学的学生肖政兴以633的高分考入北京大学；2014届毕业班的学生马识濛、郭伟双双考入香港中文大学；2017届博雅班的高考成绩更为优异，王宇彤夺得吉林省文科第二名，另有四人考入北京大学，两人考入香港大学；2020届所带的学生中15名同学被北京大学和清华大学录取，多名同学考取中国人民大学、浙江大学等知名高校。

张翠还深刻认识到教师是教育事业的第一资源，教育教学质量是学校的生命线，因此她致力于培养更多年轻教师成为优秀教师，同时兼任东北师大政法学院教学实践指导教师，为师大本科生上常规直播公开课，对师大研究生进行教学指导，并参加了安图县和长白山地区的教师义培工作。

从教二十余年，张翠老师同每一名老师一样，用最好的年华浇灌希望的幼苗，那春秋铸成了讲台的年轮。在同事中间她已经是有丰富经验的前辈了，她会细致地培养年轻的政治教师，教他们如何讲课、做班主任和进行思政教育。但她依然充满着年轻的气息，这种年轻鼓励着她的学生、她的同事，还有她自己。这就是她的教育，塑造身边的每一个灵魂，使之呈现出最好的模样。

北京大学　曲宣任

我的老师

在我的人生中，对我影响最大的莫过于张翠老师。

早在分班之前，我就从我的姐姐那里听说了张老师的大名。有话说："一日为师，终生为父。"分班之后，张老师不仅仅是"传道、授业、解惑"的人生引领者，也的的确确成为了在学校对我无微不至的"母亲"。

高二上学期刚刚开学，我就与雨后湿滑的路面进行了亲切的接触——上学路上，我不幸踩到了水洼，扭伤了脚踝，又擦伤了双膝，只好"蹦蹦跳跳"地进了校门。就在校门口，我碰见了刚刚从食堂出来的张老师。她见我戴着"痛苦面具"、一瘸一拐、腿上一条血柱的样子，也猜到我是崴了脚，赶忙过来搀扶我进了班。把我送进班坐好，她又马不停蹄地去联系校医，帮我处理已经肿起来的脚踝，又擦掉满腿的血。忙完这一系列事情，她又给我找来凳子垫高腿，虽然她像批评我似的地说了一句："这孩子，怎么这么不小心……"但是却又满脸的焦急，不时地问我："感觉怎么样了？好些了吗？"

几个月来，在我拖着"病体残躯"坚持上学时，是张老师带着我乘坐电梯，免去不少麻烦；是张老师给我在教室靠墙处开辟了一处"小天地"防止同学们一走一过碰到我的脚踝；也是张老师，在我去医院复查耽误了上课后无偿为我补习……张老师，在每一处细节都无微不至地关心着我，在我的心中留下了不可磨灭的美好回忆。

又是一次考试，我成绩并不理想，成绩发布后，坐在讲桌前浏览成绩单的张老师看向我的位置："龙君赫你过来，我要和你谈谈。"

平常都带着微笑的张老师此时却收起了笑容，多了几分严肃。

怀着忐忑不安的心情，我小步蹭到了张老师身边："老师，您找我？"此刻，我已经预演了自己的无数次"死亡"，给自己想好了无数个"死法"，毕竟这次考试的成绩实在是太"亮眼"了。

"龙君赫，你看看你这次考试……"出乎我的意料，张老师并没有严厉地批评我，而是把我拉到她身边，看着成绩单分析我的不足。

"你看你的数学，分太低了呀，你要是这样，到了高三可怎么办啊！你下课多找数学老师或者学得好的同学，多问一问，多请教……""语文考得也不好，需要提高啊……好好背文言文，多多积累，下次一定会更好的。"

张老师和我一起分析了我各科的不足，提出了很多有用的指导意见。果然，在对症下药后，我的成绩突飞猛进，取得了新的进步。

我和张老师的故事，三天三夜也讲不完。

张老师从不用言语表达对我们的感情，她常常是在我们吃饭时坐在讲桌前，微笑着看着我们；他常常在体育课上课铃响后，把我们都"赶"到操场上，生怕谁落下宝贵的锻炼身体的机会；她常常做同学的"保姆"，细心地照顾她所有的"儿女"们。

我们和张老师的故事，永远也讲不完。

龙君赫